ÉTUDES
POLITIQUES

LE MANIFESTE DE LA PAIX

LE CONGRÈS

L'Empire, c'est la paix.

Par M. NOUGUIER père

AVOCAT

PARIS

À LA LIBRAIRIE D'AMYOT

ÉDITEUR DES ARCHIVES DIPLOMATIQUES

RUE DE LA PAIX, 8

Et chez les principaux libraires

1864

ÉTUDES

POLITIQUES

PARIS, IMPRIMERIE DE JOUAUST ET FILS, RUE SAINT-HONORÉ, 338.

ÉTUDES
POLITIQUES

LE

MANIFESTE DE LA PAIX

LE CONGRÈS

L'Empire, c'est la paix.

PARIS

A LA LIBRAIRIE D'AMYOT

ÉDITEUR DES ARCHIVES DIPLOMATIQUES

RUE DE LA PAIX, 8

Et chez les principaux libraires

—

1864

AVANT-PROPOS

La pensée qui m'a inspiré dans cette *Étude politique* (mon ambition ne va pas au delà de ce mot *étude*) se révèle tout entière dans le titre même qui la résume :

LE MANIFESTE DE LA PAIX.

La paix est le vœu, le besoin, le bonheur des peuples. C'est l'avenir de l'humanité sur la terre comme son immortalité dans le ciel ; c'est le dernier terme de la perfectibilité possible de sa nature imparfaite. C'est l'ère bienheureuse de cette trinité d'origine toute céleste : *liberté, égalité, fraternité*, blasphémée par ces mots impies : *ou la mort !*

Une des plus nobles intelligences, une des âmes les plus généreuses (j'ai nommé M. de Lamartine), l'avait rêvée aussi, cette trinité sainte, et, par un égarement de son imagination éthérée, il a cru pouvoir lui élever un autel sur les ruines du trône, par la forme la plus difficile, pour ne pas dire la plus impossible, à cause de sa mobilité même avec un peuple aussi mobile que le peuple français : la RÉPUBLIQUE. Cette nouvelle épreuve a servi du moins à démontrer l'inanité de cette vision toute platonique, qui s'est résolue en une lutte sanglante et fratricide entre les éléments de l'ordre et de la conservation, et les ferments d'anarchie et de subversion sociale.

Non, la *liberté*, l'*égalité*, la *fraternité*, vraies, possibles, pratiques, ne peuvent pas exister sans *la paix*, la paix intérieure et extérieure, parce que, seule, elle peut donner le calme, la sécurité, le contentement d'esprit, la garantie au travail dans toutes les classes, et, par le travail, répandre sur elles le bien-être, en fécondant les sources de la richesse publique. — Et ce calme, cette sécurité, ce contentement d'esprit, cette garantie, un pouvoir fort, d'autant plus fort qu'il a été proclamé par la nation elle-même, ce pouvoir peut, seul aussi, les réaliser.

C'est à Dieu, qui protége si visiblement la France, qu'il faut faire remonter l'inspiration du *suffrage universel*, acclamé au premier moment d'une perturbation qui menaçait la France et le monde d'un nouveau cataclysme. Oui, c'est Dieu qui a fait l'*Empire !* VOIX DU PEUPLE, VOIX DE DIEU !

Qu'on ne voie dans cette déclaration très-ferme (parce

qu'elle émane de ma conscience et de ma conviction la plus profonde) aucune pensée d'adulation, et surtout d'adulation intéressée. Nul plus que moi, dans ma vie privée et publique, vie laborieuse s'il en fut, et toute d'abnégation, n'a sacrifié à son indépendance.

Ce que je dis aujourd'hui du nouvel Empire, je l'ai dit bien avant sa proclamation, au moment même où l'auguste héritier du grand nom de *Napoléon* se présenta devant une assemblée dont les principaux éléments lui étaient si violemment, si bruyamment hostiles ; alors que pesaient sur lui les préventions défavorable des échauffourées de *Strasbourg*, de *Boulogne*, et sa captivité de *Ham*.

De ce jour-là, j'ai prophétisé l'Empire, dans le président de la République, élu par *six millions* de voix; et l'Empereur, élu par *huit millions*, la France électorale tout entière.

J'avais pressenti cette parole solennelle donnée à la France, à l'Europe, au monde : L'Empire c'est la paix !

Dérision cruelle! s'écrieront les frondeurs de tous les temps et de tous les régimes. L'Empire n'est et ne peut être que *la guerre!* par les traditions même que lui a léguées le génie le plus puissant, le plus ambitieux des temps modernes, *le Charlemagne du dix-neuvième siècle.* Son successeur, plus calme dans la profondeur de sa politique, mais non moins résolu pour l'accomplissement de ses desseins dans un autre ordre de domination,

NAPOLÉON III a pris *la paix* pour devise, dans la conviction que cette suprématie, qui est dans les destinées
glorieuses de la France, ne peut se réaliser par la
guerre de conquête et la violente oppression des nationalités.

Ainsi, la *guerre de Crimée*, l'expédition tutélaire de
Syrie, la *guerre d'Italie*, l'expédition réparatrice et régéné-
ratrice du *Mexique*, tels sont les préludes significatifs de
ce que l'on doit attendre du nouvel Empire, dans l'état de
trouble, d'ardente fermentation, de surexcitation révolutionnaire, qui agite les peuples sur tous les points du
globe, et les entraînerait à la guerre universelle, c'est-
à-dire au chaos, dans un avenir prochain et inévitable, sans l'intervention généreuse de la France. Voilà la
paix, solennellement promise par elle.

Peu de mots suffiront pour justifier cette grande et
noble politique, si victorieusement appliquée en l'honneur de la France. Reprenons-la dans l'ordre chronolo-
gique.

1° *La guerre de Crimee*,

Cette merveilleuse solution de la plus redoutable menace de perturbation portée à l'équilibre de l'Europe.

Les contempteurs ironiques de la *paix* par la *guerre*
eussent-ils préféré voir le testament de Pierre-le-Grand,
orgueilleusement poursuivi par Catherine II, et transmis

aux derniers czars, s'accomplir par l'aigle du Nord à deux têtes, planant sur le Bosphore, et bâtissant son *aire* au sommet de la plus haute mosquée de Constantinople, pour y étendre par chacune de ces têtes son regard perçant sur l'Europe et l'Asie, comme sur un patrimoine sans limites destiné à ses nombreux aiglons?

Mais cette guerre formidable, cette guerre terminée en si peu de temps par le plus étonnant fait d'armes des temps modernes, la prise de Sébastopol, revanche éclatante de nos revers en 1812, n'est-elle pas, au contraire, à l'éternelle gloire de la France, qui a déchiré en un jour, de la pointe de son épée, le testament séculaire du plus impérieux des czars, et en a jeté les feuillets épars dans les flammes de leur forteresse écroulée?

Et cette guerre, n'a-t-elle pas valu à l'Europe la réconciliation de la France et de la Russie, les deux plus puissantes nations placées aux deux extrémités de ce continent; deux grands peuples faits pour s'estimer, se servir mutuellement, et dominer, par leur réconciliation même, *la paix* scellée dans le congrès de Paris? Et ce congrès d'empereurs et de rois, n'est-il pas le point de départ de la juridiction arbitrale et suprême, appelée désormais à résoudre par la seule force du droit, de la morale, et par un noble désintéressement, les plus graves questions internationales?

2° *L'expédition de Syrie.*

Mais est-ce à des *chrétiens* qu'il appartient de blâmer ce secours apporté par la France à leurs frères, livrés à la sanglante oppression du plus brutal fanatisme ; ce secours dont la jalouse Angleterre nous marchandait la durée ?

Les bénédictions de ces enfants de Christ en l'honneur de la France font retentir encore les échos du Liban.

3° *La guerre d'Italie.*

Oh ! celle-ci a un intérêt bien plus direct encore pour nous.

Le moindre sentiment de patriotisme devrait faire apprécier ce que vaut de sûreté à la France pour ses frontières des Alpes maritimes, incessamment menacées par l'Autriche depuis le désastre de *Novare,* la victorieuse réparation d'honneur obtenue contre elle, grâce à l'irrésistible appui de nos armes, par Victor-Emmanuel, ce vaillant fils du trop généreux et chevaleresque Charles-Albert, qui se confia témérairement à cette présomptueuse déclaration : *Italia fara da se !*

Nous ne croyons pas blesser la susceptibilité de l'ardent frère d'armes de Napoléon III en disant qu'à *Montebello, Magenta, Solferino,* la confraternité de la France n'a pas été inutile à l'Italie, qui était loin de pouvoir encore *faire* seule pour *soi;* tandis que l'Autriche, refoulée aux

bords de l'Adriatique, lui permet de consolider sa régénération par *la paix*, bien plus que par les nouveaux hasards d'une guerre dont la France n'accepterait pas la solidarité comme provocation.

Nice et *la Savoie* ont été le légitime prix du concours
que l'Italie a reçu de nous; c'est le troisième argument
que nous opposons aux frondeurs de la *paix* conquise par
la *gloire*.

4° Enfin *l'expédition au Mexique*.

Nous croirions faire injure à la raison en rappelant
la *triple convention* qui en exposait la cause et le but,
en même temps qu'elle en réglait l'exécution entre la
France, *l'Angleterre et l'Espagne*. Lesquelles des trois parties engagées ont manqué à leurs obligations, et ont laissé
à la France seule l'honneur de les accomplir en affran-
chissant le Mexique d'une domination oppressive et ruineuse; à la France, qui, seule aussi, assure la protection des nationaux des trois puissances engagées?

Que l'Angleterre et l'Espagne répondent!

Gloire au général *Lorencez*, qui, après leur abandon,
a soutenu avec une poignée de braves tout l'effort des
armées mexicaines, jusqu'au jour où leurs vaillants com-
pagnons de France, conduits par un de leurs chefs les
plus expérimentés, sont venus se joindre à eux pour ache-
ver leur œuvre de courage, de dévouement, et le cou-

ronner par l'affranchissement et la réorganisation de la plus riche, de la plus féconde partie du continent américain !

Non, la *paix* promise par le nouvel Empire n'est pas la *paix à tout prix*, achetée par l'humiliation de la France ! C'est la paix juste, loyale, protectrice du faible contre le fort, la main sur la garde de son épée ; la paix, gardienne des droits, jalouse de l'honneur, préservatrice des intérêts du peuple le plus généreux, qui marche, sur l'ordre de Dieu, à la tête de la civilisation. Voilà la PAIX de Napoléon III, celle dont j'ai l'extrême ambition de concevoir et de tracer le *Manifeste*. L'intention la plus pure, la plus libre de toute dépendance, doit faire pardonner à ma témérité, comme la bienveillance indulgente doit encourager ma faiblesse.

PRÉFACE.

Il m'importe de donner quelques explications sur le retard que j'ai mis à produire au public ce premier travail que je médite depuis longtemps, sous le titre d'*Études politiques*, et dont le point de départ a pour sujet le *Manifeste de la paix*.

J'avais d'abord résolu de le faire paraître avant l'ouverture de la session législative et le discours de l'Empereur, alors que les plus vives préoccupations sur la solution des graves questions internationales, et principalement celle de la Pologne, agitaient profondément les esprits. Cette initiative même, de déclarer hautement, dans toute la force de ma conviction, que la *paix* seule devait sortir de la situation, et d'en démontrer la conséquence logique après en avoir établi les prémisses, cette initiative, quelque présomptueuse qu'elle pût être, me séduisait par sa hardiesse même. Une réflexion a dû m'arrêter : c'est mon respect pour la plus haute des initiatives, celle devant laquelle toute autre doit s'abstenir : LA PAROLE DE L'EMPEREUR !!

Il fallait l'entendre avant tout, cette parole si nette, si loyale, si noble par sa clarté même, si rassurante par le plus sincère, le plus généreux désintéressement, et que l'éclair d'une langue miraculeuse a portée en un instant sur tous les points du monde civilisé ; il fallait l'entendre, dis-je, afin de ne pas porter la plus faible atteinte à cette exposition, d'une si frappante vérité, de la situation de la France à l'intérieur et à l'extérieur ; de ce qui a été fait pour elle et par elle, afin d'en accroître la prospérité, la puissance et l'autorité morale.

Je me félicite, je m'enorgueillis même d'avoir fait taire un vain amour-propre d'auteur au moment où cette solennelle, cette magnifique proclamation des droits et des devoirs des peuples et des rois, descendait du trône même comme une inspiration du Ciel. Le sentiment d'orgueil que je me permets d'exprimer vient de l'extrême rapport de ma propre et tout infime conception avec celle de l'Empereur, touchant l'inauguration de ce tribunal arbitral et suprême, nommé trop modestement *un congrès*.

Cette grande pensée, dont l'Empereur demande l'application loyale et généreuse, pour faire cesser le trouble et les alarmes de l'Europe, incessamment menacée dans son repos, son travail productif et son bien-être, m'anima dès les premiers jours où j'entrai dans le journalisme, après la révolution de 1830, par la création du *Moniteur du commerce*, qui conserva ce titre jusqu'aux premiers mois de 1835, et prit alors celui de *La Paix*.

Je résolus alors de m'assurer par moi-même auprès des

principaux gouvernements de leurs dispositions en faveur de la réalisation de cette institution tutélaire, d'un aréopage composé des plus hauts représentants de chaque nation, investis par leurs chefs, empereurs et rois, de leurs pouvoirs, pour prononcer souverainement sur les grandes questions internationales de nature à entraîner des perturbations profondes dans l'équilibre européen.

C'est ainsi que je parcourus successivement, de 1835 à 1837, l'Espagne, la Belgique, la Suisse, l'Allemagne centrale, l'Autriche ; la Russie méridionale, où se trouvaient l'empereur Nicolas et toute la famille impériale ; enfin la Prusse. (Je n'ai été en Angleterre que bien plus tard.)

J'ai gardé le plus profond, le plus reconnaissant souvenir, de l'accueil dont je fus comblé par les plus hautes sommités gouvernementales et politiques de chacun de ces États, et de la faveur qui accueillit ma proposition d'étendre à l'Europe entière, à titre de lien international, cette même publication de *La Paix*, qui eût conservé ce titre, avec l'addition de : *Revue universelle et quotidienne.* Le siége en était arrêté, avec l'assentiment de trois grandes cours du Nord, à Aix-la-Chapelle, ville historique qui rappelle de si grands souvenirs et rayonne dans l'Europe entière.

Je produis les titres originaux qui témoignent de la vérité des faits, et du succès inespéré de la mission, qu'il doit m'être permis de nommer sainte, par les bienfaits inappréciables de cette fraternité toute chrétienne, dont *la Paix* eût été, dans la presse quotidienne, l'organe hautement autorisé.

Ce n'est pas par un sentiment de puérile vanité que je publie ces pièces justificatives, signées des noms les plus élevés et les plus divers. J'aspire à bien autre chose que cette satisfaction personnelle : j'aspire à donner quelque confiance aujourd'hui, à trente ans de distance, à ce même amour de la *paix*, dont je vais faire encore le programme de tout ce que je pense, de tout ce que j'écris, non pas en disciple de Platon, ou de notre excellent Bernardin de Saint-Pierre, mais en esprit pratique, sérieux, éprouvé par les travaux ardus d'une profession qui exige mieux que l'heureux don de la parole, lorsqu'elle s'applique à la connaissance et à la discussion des affaires publiques, qui embrassent la politique, l'économie sociale, le gouvernement et l'administration du pays.

J'ose espérer que la lecture des nombreux documents qui accompagnent mes *Études*, et particulièrement celle par lesquelles je vais ouvrir ce nouveau genre de publication, me vaudra du moins l'attention bienveillante de mes lecteurs.

SOMMAIRE

INTRODUCTION.

LIVRE PREMIER. — **La France**, envisagée dans ses relations internationales avec les principaux gouvernements de l'Europe :

Angleterre, — Autriche, — Russie, — Prusse, — Confédération germanique, — Suède, — Danemark, — Hollande, — Belgique, — Suisse, — Italie, — Espagne, — Portugal, — Turquie, — Grèce.

LIVRE II. — Principales questions litigieuses *européennes* à résoudre : La **Pologne** (*sa nationalité*), — l'**Italie** (*son unité*), — la **Grèce** (*sa rénovation*), — le **Mexique** (*sa régénération politique et sociale*). Cette dernière question est à la fois européenne et américaine.

LIVRE III. — Solution logique de ces litiges par la *Paix*.

1° **Son Manifeste.**

2° **Son moyen :**

LE CONGRÈS EUROPÉEN.

2

INTRODUCTION

I

Disons-le avec un légitime sentiment d'honneur national, la France, à aucune époque de son histoire, n'a exercé sur l'Europe, on peut dire sur le monde civilisé, un ascendant plus grand, plus noble, plus assuré, que celui qu'elle doit au nouvel Empire, dans la personnification de NAPOLÉON III. C'est en vain que l'esprit de parti conteste cette vérité et s'obstine à en repousser les effets, disons mieux, les bienfaits : elle est évidente comme la lumière, éclatante comme le soleil.

Quelle est donc la cause de ce prestige universel qui agit si puissamment sur les peuples, sur leurs gouvernements, sur ceux-là même qui s'efforcent d'affaiblir, de combattre par des voies occultes le système politique conçu par l'Empereur, et appliqué par lui avec tant de succès dans les relations internationales de la France ?

La *cause*, elle se résume dans cette simple et noble formule qu'on ne saurait trop reproduire :

« L'EMPIRE, C'EST LA PAIX !!! »

Par ce mot *la paix* il faut entendre la renonciation loyale et solennelle à toute pensée de conquête, un généreux désintéressement, l'ardent désir d'obtenir par la seule force de la raison, de la justice, du droit, l'intérêt bien entendu des peuples et des gouvernements, le redressement des griefs des nationalités que la fortune des armes ont placées sous une domination étrangère, sinon sans retour (rien n'est immuable sur la terre), du moins sans qu'il soit possible, désirable peut-être pour elles, de les rendre à elles-mêmes par la violence et les nouveaux hasards de guerres sanglantes et désastreuses.

II

Sans remonter, dans les annales de la France monarchique, jusqu'au règne colossal de Charlemagne, ne rappelons que deux des plus grandes époques de notre histoire presque contemporaine pour la première (nous touchons encore à la seconde). Je veux parler des règnes de Louis XIV et de Napoléon Ier. L'un est encore la religion politique du parti qu'on est convenu de nommer *légitimiste*. L'autre reste aussi le culte politique du *bonapartisme*, dans les campagnes surtout.

Si la France put, à bon droit, s'enorgueillir de sa gloire, certes ce fut sous ces deux grandes dominations, procédant l'une et l'autre par la conquête ; mais elles finirent, l'une et l'autre aussi, comme elles devaient finir, par l'excès même de la force, l'humiliation de la France.

Oui, sans doute, le siècle de Louis XIV fut un grand siècle ! oui, Louis XIV fut un grand roi ! C'est sous *son soleil* que naquirent et brillèrent les plus beaux génies qui l'ont immortalisé, et sont la vraie, l'éternelle gloire de la France, car celle-là n'est pas sujette à retour. Les revers et la triste vieillesse de ce dominateur absolu en furent la juste punition, dont la nation malheureusement porta la peine.

Mais, à quelque hauteur qu'atteignirent sa grandeur et sa puissance sous Louis XIV, elles furent loin de s'étendre jusqu'au point où Napoléon les a portées. L'Europe continentale tout entière a vu flotter au faîte de ses capitales les drapeaux de l'empereur des Français. Il disposait des trônes et des peuples, et les forçait à s'allier à lui contre eux-mêmes. C'était le comble de l'abaissement d'un côté, et de l'orgueil humain de l'autre.

Comment une si haute, une si forte raison, avait-elle pu concevoir la pensée de se faire des auxiliaires de ces mêmes nations que nous foulions aux pieds ? Ne devait-elle pas prévoir le jour où toutes s'affranchiraient de cette alliance impossible, parce qu'elle blessait tous les sentiments de la patrie, et en était la cruelle mais aussi l'implacable humiliation ?

III

Mais la Providence veillait sur lui, comme il veillait sur la France, dans cette nouvelle patrie, ce sublime avenir de l'humanité; patrie éternelle, épurée de toutes les passions de la terre, éclairée de toutes les clartés qui en préviennent les erreurs; régie par cette suprême et indulgente justice qui pardonne les fautes rachetées par de grandes vertus et de grands bienfaits.

Et qui a plus de droits à cette justice tutélaire, à cette divine clémence, que le puissant génie reconstructeur de notre France bien aimée, succombant sous ses décombres amoncelés par le formidable, l'irrésistible ouragan révolutionnaire?

C'est avec ces mêmes débris, avec ces mêmes éléments épars, avec les jeunes et vigoureux rameaux sortis des troncs dix fois séculaires de notre antique et glorieuse monarchie, que NAPOLÉON a réédifié cette France nouvelle, objet de l'admiration et trop longtemps de l'effroi de l'Europe; œuvre merveilleuse, qui consacre à jamais le nom de son prodigieux architecte.

Jetons un voile de piété filiale, aussi vive que respectueuse, sur les défaillances de cette grande figure historique, sans égale peut-être, qui a payé son tribut à l'imperfection de notre nature. Ses fautes même, qu'il a si cruellement expiées, et dont le noble aveu est consacré dans ce sublime *Mémorial* recueilli par ses fidèles serviteurs sur le rocher immortalisé par son nom; ses fautes sont utiles encore à la France par ses exhortations à les éviter qu'il lègue à ses successeurs.

IV

N'en a-t-il pas admirablement profité celui que notre divine protectrice a désigné au peuple tout entier pour porter le poids de ce magnifique mais si redoutable héritage? Lui aussi, dans son impatience à le réclamer avec un courage qui tenait de la témérité, en a subi la peine. Le *captif de Ham* s'est éclairé, dans ses longues heures de méditation, par les hautes leçons qu'il puisait dans l'Évangile politique du *captif de Sainte-Hélène*. Il en a fait aussi l'aveu avec cette sincérité calme et digne qui en rehausse le mérite et en est la plus sûre garantie. Et cette garantie n'est-elle pas justifiée par tous les faits, tous les actes, du digne héritier du plus beau, du plus glorieux Empire?

V

Un dernier mot. Je l'ai dit dans l'Avant-Propos : le titre même d'ÉTUDES POLITIQUES que je donne à ce travail indique qu'il n'entre pas dans ma pensée d'écrire l'histoire de cette première et grande période du règne de NAPOLÉON III ; c'eût été d'ailleurs une tâche trop au-dessus de mes forces.

Non, ce rapide retour sur la chute de l'Empire, et sa succession pieusement, vaillamment recueillie par l'auguste collatéral, n'est qu'une préparation à mon appréciation profondément réfléchie des relations internationales de la France considérées dans leurs effets à l'égard de chacune d'elles et de la France elle-même, pour faire ressortir tout ce qu'elle en a obtenu de force et d'autorité morale par l'application sainement, loyalement entendue, de son système de droite, de généreuse politique, si heureusement défini par ces mots sacramentels qui en sont l'épigraphe :

L'EMPIRE, C'EST LA PAIX !

PIÈCES JUSTIFICATIVES

FRANCE.

J'ai classé sous ce titre *France* des lettres que j'ai reçues de hauts per-
sonnages, et qui ont trait à la politique. Parmi elles sont celles de plusieurs
de nos ambassadeurs et ministres plénipotentiaires à l'étranger.

Quatre lettres ou billets de M. le comte MOLÉ.

Monsieur Nouguier me trouvera demain jusqu'à une heure, et
je serai heureux de le remercier de toutes ses obligeantes paroles.

MOLÉ.

Cette lettre est *antérieure* à la révolution de *février*, et se rapporte à un
discours remarquable de M. Molé *répondant à M. Guizot.*

J'ai été obligé hier de me rendre au Luxembourg à l'heure où
Monsieur Nouguier devait venir chez moi, et le temps m'a manqué pour le prévenir ; je le prie de recevoir tous mes regrets, et
lui propose de me dédommager demain mercredi, de 11 h. 1/2 à
midi, si ce moment peut lui convenir.

MOLÉ.

Cette lettre est *antérieure* aussi à la révolutiou de *février*.

20 *avril* 1845.

Monsieur, j'étais à la campagne lorsque vous avez bien voulu m'écrire pour m'annoncer le mariage de monsieur votre fils Jules avec mademoiselle de Chabaud-Latour. Veuillez recevoir, Monsieur, toutes mes félicitations les plus sincères sur cet événement de famille, si bien fait, sous tous les rapports, pour réjouir votre cœur.

Agréez toutes les assurances de mes sentiments aussi anciens que distingués et affectueux.

Cette lettre se rapporte au mariage de mon fils Jules avec Mlle *de Chabaud-Latour*. Elle témoigne de l'intérêt bienveillant que M. Molé voulait bien me porter ainsi qu'à ma famille.

---

26 *octobre* 1848.

Je regrette vivement de n'avoir pu recevoir encore Monsieur Nouguier. Je serai demain à sa disposition sur les midi.

Je lui réponds en hâte en partant pour l'*Assemblée*.

Tout à lui,

MOLÉ.

Cette lettre est *postérieure*, comme on le voit par sa date, à la révolution de *février*, puisqu'il y est question de l'*Assemblée*. C'est l'Assemblée *constituante*, dont M. Molé faisait partie:

Deux lettres de M. le baron DE BOURGOING,

Ministre plénipotentiaire et envoyé extraordinaire de France à *Munich*.

Munich, 11 *janvier* 1838.

Monsieur,

Vous verrez par les feuilles que j'ai l'honneur de vous adresser que je me suis occupé de l'affaire que vous m'aviez recommandée par votre lettre du 23 décembre. L'insertion n'a pas eu lieu aussi vite que je l'aurais désiré, mais les formalités sont longues à remplir et je n'ai pu les abréger. J'avais demandé une traduction allemande, on a imprimé la lettre originale; j'espère que vous n'en serez pas contrarié; tous les lecteurs dont l'opinion a quelque valeur pour vous lisent le français, et cette insertion insolite excitera même davantage l'attention.

Je serais charmé de vous revoir à Munich, mais je compte vous trouver à Paris avant l'époque que vous m'annoncez. Je pense m'y rendre avec ma famille vers la fin de mars. Ma femme a été très-sensible à votre souvenir, c'est pour elle une grande fête que de faire connaissance avec sa nouvelle patrie.

Vous aurez vu, Monsieur, par nos journaux, que le roi de Bavière a consenti à l'établissement d'un chemin de fer de Strasbourg à la Rheinschantz dans la Bavière Rhénane: c'est une entreprise d'une grande importance pour ces contrées, et un fait d'une haute portée politique comme gage de confiance et de bonnes relations. J'ai eu le bonheur de terminer cette négociation après dix-huit mois de pourparlers et de discussion. Il est à désirer que les Chambres s'occupent bientôt de ce projet, qui va se trouver en concurrence avec celui d'un autre chemin de fer que le Gouvernement badois veut exécuter sur la rive droite du Rhin.

Si vous trouvez une occasion pour parler à M. Molé de l'affaire dont il était question dans la lettre que vous avez expédiée de Strasbourg, vous m'obligerez infiniment.

Veuillez, Monsieur, agréer, avec l'assurance de ma condération la plus distinguée, celle de mon entier et bien sincère dévouement.

Le Baron DE BOURGOING.

Cette lettre me fut adressée à *Berlin*. Elle avait pour objet une réponse, que je le priais de faire insérer dans la *Gazette d'Augsbourg*, à un article où l'on me représentait comme le missionnaire *doctrinaire* qui aspirait à introduire en Allemagne les principes ultra-libéraux *révolutionnaires* par une publication internationale.

Madrid, 16 *février* 1850.

Monsieur et ami,

Je vous remercie de l'envoi que vous avez bien voulu me faire du *Pays* (1). J'ai reconnu dans ce procédé votre bonne amitié, à laquelle vous m'avez accoutumé. Vous avez vu depuis lors le discours par lequel j'ai débuté dans ce pays. Je me suis montré plus affectueux qu'on n'a l'habitude de le faire; mais vous savez que c'est ainsi que j'ai toujours compris ma vocation. Nous sommes, en thèse générale, des organes de bonne amitié, et non pas des agents d'intrigue et de dénigrement. Cette manifestation cordiale m'a valu le meilleur accueil dans ce pays pour lequel j'ai une affection très-prononcée. Je me propose de faire tout ce qui dépendra de moi pour lui être utile. Je me suis, dans ce but, occupé déjà activement de la pensée de relier la Péninsule Ibérique par des chemins de fer à notre ligne de Lyon, et ainsi au grand réseau européen. Le chemin de Barcelone aux Pyrénées est déjà décidé, et entrepris par une compagnie franco-espagnole. Lorsqu'il en sera temps, je vous écrirai à ce sujet pour en entretenir le public, qu'il faut savoir passionner pour les idées réellement grandes et utiles. Vous savez que Montpellier se trouve déjà en possession de l'un des tronçons qu'il s'agit de rejoindre dans cette direction.

J'ai remis vos deux lettres. J'ai déjà vu le marquis Miraflores, qui m'a parlé de vous avec amitié; sa fille m'a dit que, rien qu'à la vue de la lettre, elle avait reconnu votre écriture comme celle d'un ami de son père. Je tâcherai de voir M. Isturitz ces jours-ci, mais vous concevez que j'ai tant à faire dans ces premiers temps que je ne sais auquel entendre. Je voudrais bien apprendre par vous que vos propositions à MM. les ministres ont été couronnées de succès; veuillez me tenir au courant de cette affaire. Je désirerais

(1) J'écrivais à cette époque dans le journal *le Pays* à titre d'amateur volontaire; il venait d'être fondé, et son rédacteur en chef avait été un de mes collaborateurs dans *la Paix*.

pouvoir m'occuper en ce moment de mes publications dans *la Patrie*, mais je n'en ai pas encore le temps; nous en parlerons un peu plus tard.

Recevez, Monsieur et ami, nos hommages et nos vœux les plus sincères, et croyez à l'attachement de

Votre dévoué

P. DE BOURGOING.

M. de Bourgoing était alors notre ambassadeur à *Madrid*. Il y représentait la France avec une parfaite entente des intérêts politiques et matériels des deux nations amies, dont les rapports doivent de plus en plus se resserrer.

Lettre de M. le baron DE BARANTE.

(Cette lettre a pour sujet la publication *internationale* projetée, pour laquelle je rapportais les deux ordonnances de Berlin.
J'en avais adressé le programme, publié en Prusse à un grand nombre d'exemplaires, à M. de Barante, dont je recherchais l'approbation. Sa lettre, remplie d'obligeance, est un titre dont je m'honore infiniment.)

Monsieur,

Je viens de lire avec un grand intérêt l'écrit que vous avez eu la bonté de m'adresser; il est animé d'un esprit de discernement et de modération qui doit lui valoir l'approbation de tous les hommes raisonnables, et je vous remercie d'avoir compté sur la mienne. La publication que vous annoncez sera sans doute fort utile, et pourra servir de lien entre les opinions sages de toute les parties de l'Europe : il y a maintenant dans tous les pays une cause commune à défendre, et il me semble que vous savez mieux que personne quelle est cette cause.

Recevez, Monsieur, l'assurance de ma considération distinguée.

BARANTE.

Sept lettres de M. le comte BRESSON,

Notre ambassadeur à Berlin, pendant mon séjour, en 1837 et 1838.

Je ne puis pas avoir l'honneur de recevoir Monsieur Nouguier entre 3 et 4 heures ; je dîne en ville, et je ne suis pas libre.

J'inscrirai son nom au Casino ce matin même, et il pourra s'y faire conduire par un valet de place.

Je compte, en tout cas, sur Monsieur Nouguier demain à dîner, à 4 heures, et je le prie de croire au plaisir que j'ai éprouvé à faire sa connaissance.

BRESSON.

J'ai causé hier soir avec le prince dans le sens que désirait Monsieur Nouguier, et demain, après l'entrevue qu'il aura eue avec lui, je serai charmé de le voir. Tout mon temps est pris aujourd'hui. L'accident de M. le duc de Nemours n'aura heureusement pas de suite fâcheuse.

Je prie Monsieur Nouguier d'agréer mes compliments sincères.

BRESSON.

Je suis très-occupé depuis quelques jours, et je dois aller à midi 1/4 chez M. de Werther. — J'attendrai cependant Monsieur Nouguier vers midi, et je serai charmé de le voir.

Je le prie d'agréer mes compliments.

BRESSON.

A mon très-grand regret, il m'est de toute impossibilité de recevoir Monsieur Nouguier ce matin. Je suis obligé de sortir. Je lui proposerais de dîner avec moi, si, malheureusement, je n'étais invité chez M. le ministre de Saxe. Je passerai entre 2 et

3 heures moi-même chez M. Nouguier; c'est le seul moment libre que je prévoie, et je le prie d'agréer mes compliments sincères.   BRESSON.

———

Je suis si occupé ce matin que je ne pourrais donner que quelques instants très-courts à Monsieur Nouguier; mais s'il veut venir à 3 heures 1/2 et me faire l'honneur de rester à dîner, je serai charmé de recevoir la communication qu'il m'annonce.

Je prie Monsieur Nouguier d'agréer mes compliments empressés.   BRESSON.

———

Je serai charmé de recevoir Monsieur Nouguier demain à midi, et s'il veut à 4 heures me faire l'honneur de dîner avec moi, je pourrai ensuite lui offrir une place à l'Opéra.

Je le prie d'agréer mes compliments empressés.

BRESSON.

ESPAGNE.

———

Note de M. le duc d'OSUNA

(écrite de sa main)

EN FAVEUR DE LA SOUSCRIPTION OUVERTE A MADRID POUR LE **MONITEUR DU COMMERCE**, QUI PRIT LE TITRE DE **LA PAIX**.

(A la suite sont les noms des premiers souscripteurs, parmi les plus éminents de la grandesse, auxquels il faut ajouter celui de M. de Toreno, et peu après celui de Sa Majesté la reine Marie-Christine (la reine-mère), qui mit le comble à cette souscription si flatteuse et si honorable pour moi.)

Souscription d'actions en faveur du MONITEUR DU COMMERCE.

Nous soussignés, ayant reconnu tout l'avantage pour l'Espagne constitutionnelle d'obtenir en France, notre alliée naturelle, le concours loyal et zélé d'un organe public dont la sympathie éclairée en faveur de notre cause nationale soit accompagnée d'indépendance et de dignité ; trouvant ces conditions réunies dans *Le Moniteur du Commerce*, dont les principes, progressifs et conservateurs à la fois, sont en harmonie avec le système suivi par le Gouvernement français, et ont reçu la sanction des hommes les plus recommandables du commerce de France, dont plusieurs membres appartiennent à la Chambre des députés ;

En outre, complétement satisfaits des explications écrites ou verbales que M. Nouguier père, avocat à la Cour royale de Paris, fondateur et rédacteur en chef du *Moniteur du Commerce*, nous a données, et désirant lui témoigner notre estime et notre confiance dans la constante exécution de sa pensée politique et sociale, dont l'application en faveur de l'Espagne est un véritable bienfait ;

Avons souscrit avec empressement en qualité d'actionnaires au *Moniteur du Commerce*.

Le duc d'Osuna, pour 3 actions ;
Le duc de Gor, pour 1 action ;
Le comte de Montijo, pour 1 action ;
Le marquis de Miraflores, pour 1 action ;
Le comte de Parent, pour 15 actions ;
Le comte d'Ofalia, pour 1 action ;
Le duc de Veragua pour 1 action.

Madrid, le 25 janvier 1838.

Cette souscription fut toute nationale, sans acception de partis. M. Mendizabal, alors président du Conseil et tout dévoué à l'Angleterre, y prit part pour *cinquante actions*, M. Torino pour *trente*, Sa Majesté la reine mère pour *vingt*, en tout environ *cent cinquante mille francs*.

Lettre de M. le comte de MONTIJO, le noble père de notre auguste Impératrice.

Du 24 janvier 1836.

Muy senor mio, ya el duque de Osuna me habia prevenido antes de ayer sobre la reunion que me indica en su carta de ayer. Sintiendo infinito, como le dije, estar comprometido con mios amigos à almorzar en mi casa de campo, por sex dia mas desocupado, esto me priva del gusto de asistir à esta invitacion, como lo hubiera hecho si no estar comprometido de este maneira.

Con este motivo, tengo el honor de saludarle con la mayor consideracion. Su afecto

El Conde DE MONTIJO.

Lettre de M. le marquis DE MIRAFLORES

(sans date)

Pendant mon séjour à Madrid, au moment des discussions les plus orageuses aux Chambres, et principalement aux Cortès.

Avec le tapage et la discussion orageuse que nous avons eus, j'avais oublié de parler à Osuna; mais je vais lui écrire, et il n'y a pas de doute au résultat.

Pour ce qui me concerne, j'ai, à tous les moments, des motifs plus puissants pour faire tous mes efforts pour combattre des idées, ridicules si vous voulez, mais qui malheureusement existent en fait.

Tout à vous,

MIRAFLORES.

Lettre du même

Pendant son séjour à Paris, en 1837.

Monsieur Nouguier,

Voici, Monsieur, le décret dont le duc d'Osuna vous a parlé. Je crois qu'il est très-intéressant de le publier, avec vos observations sur un attentat révolutionnaire, le plus horrible qu'on peut faire, et que l'Europe ne peut dans le siecle 19 tolérer sans en partager la honte.

Je vous prie de me renvoyer le Bulletin officiel au plus tôt, et croyez moi tout à vous.

MIRAFLORES.

Je vous envoie aussi un numéro de *l'Impartial*, qui a annoncé la traduction de mon ouvrage. Serez-vous assez bon pour en parler dans votre journal et faire un long article? Si vous n'en avez pas un exemplaire, je vous l'enverrai.

Lettre de M. le duc D'OSUNA

Pendant son séjour à Paris (1837).

Monsieur Nouguier.

Ce sont les articles 24ᵉ, 26ᵉ, 294ᵉ, 4ᵉ, 172ᵉ, 243ᵉ et 304ᵉ, que je vous engage à examiner dans la constitution espagnole de 1812, avec une attention particuliere.

Je vous prie en meme temps d'avoir la bonté d'envoyer mon journal, pendant mon absence, à M. le marquis de Miraflores, rue Basse-du-Rempart, n° 26, qui aura soin de me le remettre.

Agréez l'assurance de mes sentiments distingués.

Le Duc D'OSUNA.

Jeudi, 27.

BELGIQUE.

Lettre de M. CONWAY, secrétaire trésorier
de Sa Majesté le Roi LÉOPOLD.

Bruxelles, le 7 octobre 1836.

Monsieur,

Je me fais un vrai plaisir de vous annoncer que le Roi vient de me faire part de son intention de concourir à l'œuvre si éminemment utile sur laquelle vous eûtes l'honneur d'appeler son attention dans l'audience que S. M. vous accorda à Ostende, au commencement du mois dernier. Fonder à côté du pouvoir une presse amie, mais indépendante, qui, tout en le secondant, le surveille, pour prévenir ou atténuer ses fautes ; travailler à fortifier dans la société les croyances religieuses, morales et politiques, nécessaires à sa bonne constitution : c'est là une grande et noble tâche qu'il y a de l'honneur à avoir entreprise, et à laquelle le succès ne peut manquer.

Le Roi m'a autorisé, Monsieur, à prendre *provisoirement dix* actions que vous voudrez bien faire inscrire en mon nom, et dont vous pourrez toucher le montant chez MM. de Rotschild frères, à Paris, à qui j'écris pour les prévenir de la traite que vous ferez sur eux.

Je vous prie, Monsieur, de vouloir bien faire expédier dorénavant pour le compte de la Liste civile de S M. trois exemplaires du journal *La Paix*, l'un à l'adresse de S M. elle-même, les deux autres à l'adresse de M. Van Praet et à la mienne.

Veuillez agréer, je vous prie, Monsieur, l'expression de mes sentiments distingués.

Le Secrétaire du Roi, ED. CONWAY.

P. S. J'ai reçu les six albums sous les nᵒˢ 214 à 220 (2ᵉ série), que vous avez bien voulu m'expédier avec votre lettre de ce matin.

SUISSE.

Lettre de M. WIELAND, ancien bourgmestre.

Bâle, 3 décembre 1836.

Monsieur,

Ma patrie ne peut que s'applaudir qu'un publiciste français veuille connoître et juger par ses propres yeux la constitution politique et les mœurs d'un peuple que des rapports intimes et bienveillants lient depuis plusieurs siècles avec sa nation.

Si je pouvois vous être utile, Monsieur, dans ces recherches, je vous offrirois mes services avec empressement; mais les infirmités de l'âge et l'affoiblissement de la mémoire, qui m'ont forcé à me demettre de mes charges et à mener une vie presque solitaire, me font craindre de vous faire perdre un tems précieux en recevant votre visite Toutefois, Monsieur, si, cet après-midi, vers les trois heures, vous voulés passer chez moi, je vous recevrois avec plaisir. Agréez les assurances de ma considération très distinguée.

WIELAND, *ancien bourgmestre.*

Lettre de M. le professeur VINET.

Bâle, 1836.

Monsieur,

Un léger accident, qui m'a forcé à me mettre au lit, m'empêche d'aller vous souhaiter un bon voyage. Je le fais ici de tout mon cœur.

J'aurais voulu vous procurer l'*Acte de médiation*, dont la lecture me paraît essentielle pour apprécier dans leur intention les changements apportés en 1815 à la constitution fédérale et aux constitutions des différents cantons, ou plutôt pour en découvrir l'esprit, qui, sans cela, pourrait facilement vous échapper. Peut-être, en lisant cet *Acte*, dont l'abolition excita bien des regrets et fit naître bien des craintes, vous rendrez-vous compte plus facilement de la défaveur qui a entouré les institutions de 1815. Il me semble qu'on peut comprendre que l'esprit populaire se soit senti froissé de ces changements, nécessaires peut-être à l'éducation de la liberté, que les dix années précédentes avaient peu exercée, peu formée, nécessaires peut-être pour nous faire éviter bien des écueils. Le pacte de 1815 fut jugé comme une charte *octroyée;* la constitution précédente l'était aussi, mais elle était plus favorable. à l'esprit d'égalité. Vous remarquerez aussi, Monsieur, que, sous l'Acte de médiation, le pouvoir directorial alternait entre huit cantons, et que, jusqu'à un certain point, on avait égard à la population respective des cantons dans leur représentation en diète.

Je n'ai pas besoin de vous répéter, Monsieur, combien j'attache d'intérêt au succès de votre voyage. Mais permettez-moi de vous remercier de la confiance que vous m'avez accordée, et de l'occasion que vous m'avez fournie de faire votre connaissance, dont j'apprécie également l'honneur et l'avantage.

Veuillez agréer, Monsieur, l'assurance de la haute considération avec laquelle j'ai l'honneur d'être

Votre obéissant serviteur,

VINET.

Je reçois à l'instant votre lettre, Monsieur, dont je vous remercie bien. Je m'acquitterai des commissions dont vous voulez bien me charger.

Excusez cette affreuse écriture.

Lettre de M. EYNARD.

Genève, 18 *avril* 1837.

Monsieur,

J'ai l'honneur de répondre à votre lettre du 14 avril. Je partage entièrement votre manière de voir, et je suis convaincu, ainsi que vous, qu'il est des règles éternelles dont on ne saurait s'écarter sans détruire tous les liens des sociétés civilisées. La liberté de la presse, comme elle est exploitée par ceux qui ne cherchent qu'à démolir, est devenu un fléau; la restreindre est impossible, et cependant son *impudence* et son *impunité* finiront par tout bouleverser, si on ne trouve un correctif puissant. Votre journal, qui est parfaitement rédigé, qui soutient avec force et vérité les vrais principes d'ordre, ferait le plus grand bien, s'il était lu par ceux qui puisent leurs principes dans les infâmes feuilles des deux extrêmes; mais voilà le mal, le mal qu'on ne pourra éviter que si le Gouvernement, sentant le danger de sa position, a le courage, l'énergie, et je dirai *la prudence* de combattre la presse désorganisatrice avec des armes égales.

Plusieurs voyages que j'ai faits en France, en observateur qui recherchait à connaître l'opinion publique, m'ont convaincu qu'en général les masses veulent l'ordre, la stabilité et la tranquillité; mais en même temps j'ai remarqué avec peine que chez le personnes honnêtes, loyales, celles enfin attachées au Gouvernement, il y a indifférence, égoïsme, ennui des affaires publiques. Les démolisseurs, les jeunes gens à tête folle et ardente, qui sont la minorité, ont donc le grand avantage, pour détruire, d'être actifs; leurs seules lectures sont les mauvais journaux. C'est un fait que tous ceux qui voyagent en France (à petites journées, s'arrêtant dans les petites villes) diront, qu'on ne trouve dans les cafés, les estaminets, les cabarets, que le *Courrier Français*, le *Constitu-*

tionnel, le *National* et autres journaux du même genre, et *jamais* nu seul journal défendant le Gouvernement. On aurait donc beau créer les journaux les mieux faits, comme le vôtre, leur utilité est bien petite, s'ils ne sont lus que par les personnes déjà convaincues des bons principes qu'ils émettent.

Dans les deux derniers voyages que j'ai faits en 1835 et 1836, j'étais si convaincu et si affligé de ne voir que la mauvaise presse dans tous les lieux publics, que j'ai fait une note, que je remis dans le temps à un ami, pour prouver que le seul moyen de remédier au mal était que le Gouvernement eût le droit de faire insérer sur le journal désorganisateur tout article, renseignement ou rectification qu'il jugera utiles ; je me permets, Monsieur, de vous remettre un copie de cette note. Quelle a été ma surprise d'apprendre que l'article 18 de la loi de juin 1835 autorisait le Gouvernement à se servir de ce moyen, *le seul efficace*. Il y est dit :

« Tout gérant sera tenu d'insérer *en tête du journal* les docu-
« ments officiels, relations authentiques, *renseignements* et *rectifi-*
« *cations* qui lui seront adressés par tout dépositaire de l'autorité
« publique; la publication devra avoir lieu le lendemain de la
« réception des pièces, sous la seule condition du payement des
« frais d'insertion. »

J'ai peine à concevoir que le Gouvernement n'ait jamais fait usage d'une arme défensive aussi utile; je ne peux m'empêcher de l'accuser de faiblesse, de molesse, de manque d'énergie : le feu est à la maison, et on ne cherche aucun moyen de l'éteindre !!

Voilà le remède, le seul puissant, le seul véritable, car il faut que le contre-poison soit à côté du poison. Le Gouvernement ne doit plus hésiter à rassembler des écrivains habiles, remplis d'un vrai patriotisme, enfin, Monsieur, des hommes comme vous, et les charger, chaque jour, de lire tous les journaux désorganisateurs ; une espèce de ministre de la presse, composé des personnes les plus estimées, les plus attachées à la révolution de juillet, mais en même temps les plumes les plus exercées, afin de lutter victorieusement contre ceux, habiles, mais de mauvaise foi, qui calomnient, médisent, déchirent. La tâche sera pénible, périlleuse même, mais elle sera bien honorable, puisque l'écrivain qui répondra aux articles des démolisseurs aura la gloire de travailler à l'éducation du peuple. Je ne vois que ce moyen d'éclairer l'opinion publique : car vous auriez des journaux même à 25 et 30 francs, que beaucoup de gens ne les liraient pas, lors même que le Gouvernement les ferait répandre dans les estaminets. Il faut que les yeux du lecteur passionné soient forcés de lire, et il ne le fera que lorsque l'article se trouvera sur son journal. J'ai la conviction, Monsieur, que ce *moyen seul* pourra parvenir à détruire l'influence pernicieuse de la presse, et je ne saurais comprendre pourquoi le Gouvernement aurait la faiblesse de ne pas s'en servir. J'en étais là, Monsieur, lorsque je reçois de la Chambre une lettre d'un ami; qui m'apprend que M. Molé a conservé son ministère avec M. Montalivet. Je regrette sincèrement M. Guizot et M. Duchâtel, et j'espérais la présidence et M de Broglie. M. de Montalivet est un homme d'énergie : s'il sait se servir de l'art. 18 de la loi de juin, et qu'il veuille enfin l'employer, on pourra avec une grande habileté et fermeté lutter avec succès contre la presse jacobine; mais je doute encore qu'on ait ce courage. Il ne me reste, Monsieur, que la place de vous assurer de ma haute considération et de l'estime profonde que j'éprouve pour votre caractère.

J.-G. EYNARD.

SUÈDE.

Lettre de M. le comte **DE LOWENHIELM**,
ministre plénipotentiaire, envoyé extraordinaire de Suède,
à Paris.

Du 1er juin 1837.

(A la suite de cette lettre se trouve celle de M. le comte Eric de Lewenhaupt,
secrétaire des commandements de S. M. le roi de Suède, 19 *mai* 1837.)

Monsieur,

Vous trouverez ci-contre l'apostille que le Roi mon souverain a chargé le secrétaire de ses commandements de m'adresser pour vous être communiquée.

Le suffrage de S. M. n'a rien qui doive m'étonner, mais je suis charmé d'avoir à vous en féliciter.

Veuillez recevoir, Monsieur, l'expression renouvelée des sentiments très-distingués avec lesquels j'ai l'honneur d'être,

Votre très-humble et très-obéissant serviteur,

Le *Comte* DE LOWENHIELM.

Apostille à la lettre du 19 *mai* 1837.

J'ai eu l'honneur de rendre compte au Roi de ce que vous me dites, dans votre lettre du 3 de ce mois, au sujet de l'honorable entreprise de M. Nouguier, et je suis autorisé à vous dire, Monsieur le Comte, que notre cabinet accepte avec une reconnaissante bienveillance la disposition des bons offices de M. Nouguier, et les réclamera dans l'occasion d'autant plus volontiers, que le public éclairé, en Suède, rend justice à la sagesse et au talent qui distinguent le journal de M. Nouguier.

Le *Comte* ERIC DE LEWENHAUPT.

RUSSIE.

Lettre de M. le comte DE MEDEM.

(Pendant l'absence de M. le comte de Pahlen, ambassadeur de Russie à Paris, M. de Medem le remplaçait. Il voulut bien me remettre une lettre d'introduction pour M. *de Ribeaupierre*, ministre de Russie à Berlin.)

1837.

Monsieur,

Je vous envoie ci-joint la lettre d'introduction que vous avez désiré avoir pour le ministre de Russie à Berlin.

Avec tous mes vœux pour un heureux voyage, je vous prie d'agréer mes civilités les plus empressées.

MEDEM.

Trois lettres de M. le prince DE WORONZOFF.

Château d'Aloupka (Crimée), 22 septembre 1837.

(Cette lettre a principalement pour objet l'entretien que je désirais avoir avec M. le comte de Nesselrode, chancelier et ministre des affaires étrangères.)

Monsieur,

Je m'empresse de vous remercier pour votre aimable lettre en date de Yalta, 2 octobre (20 septembre), et de vous assurer que je ne regrette certainement pas moins que vous que les circonstances m'aient empêché de faire plus amplement votre connaissance. J'espère toutefois en avoir plus tard l'occasion, de même que celle de vous être agréable en tant qu'il dépendra de moi.

J'ai fait mention à M. le comte de Nesselrode de votre désir d'avoir un entretien avec lui sur l'objet principal de votre voyage

dans ces contrées. Comme il part lui-même sous peu pour Odessa,
il vous engage à vous rendre chez lui, afin de pouvoir causer avec
vous là-dessus ; mais, en attendant que vous ayez vu Monsieur le
vice-chancelier, veuillez vous adresser à Monsieur le conseiller
privé Fonton, résidant à Odessa, et qui sera à même de vous
fournir toutes les notions que vous voudrez avoir.

Agréez à cette occasion, Monsieur, l'assurance de tous les sentiments avec lesquels j'ai l'honneur d'être

Votre très humble et très-obéissant serviteur,

WORONZOFF.

Grosnaia, 2 juillet 1850.

(Cette lettre a pour objet la publication que je projetais alors de rouvrir
à Paris, sous le titre de *la Paix*, et que j'avais interrompue en 1839, à la
suite de la retraite de M. le comte Molé, alors président du Conseil, après
la coalition de 1837 à 1839.)

Monsieur,

J'ai eu le plaisir de recevoir votre lettre en date du 30 mai dernier, et me souviens avec plaisir du séjour que vous avez fait à
Aloupka. Je serais charmé si vous nous faisiez encore une fois le
plaisir de venir nous y voir, et de vous remercier pour le souvenir
que vous nous conservez.

La demande que vous avez adressée conjointement à Monsieur
le chancelier de l'empire et à moi-même au sujet de la publication
du journal *la Paix* étant de la compétence de Monsieur le
comte de Nesselrode, je me réserverai d'attendre sa communication, pour contribuer, en autant qu'il pourra dépendre de moi,
à la réalisation de tous vos désirs.

Veuillez recevoir l'assurance de mes sentiments distingués.

P. M. WORONZOFF.

Lettre sans date.

(Cette lettre est de 1860, époque à laquelle je publiai mon premier volume : *Souvenirs et impressions d'un ex-journaliste, pour servir à l'histoire contemporaine*, dont je m'empressai de faire hommage au prince, qui avait été si excellent pour moi pendant mon séjour en Crimée, en 1837.)

Monsieur,

Je vous demande bien pardon d'avoir tardé si longtemps à répondre à votre bonne lettre du 12 juillet ; mais d'abord une forte maladie que j'ai faite pendant mon séjour à Moscou, puis différentes courses, m'ont empêché de vous écrire plus tôt, pour vous remercier bien sincèrement pour votre bon souvenir, ainsi que pour le livre que vous avez bien voulu m'offrir. Votre livre, que j'ai déjà commencé à lire, me paraît fort intéressant, et promet de devenir encore plus intéressant dans la suite.

En vous priant de recevoir encore tous mes remerciements, je vous prie d'agréer l'assurance de ma parfaite estime et considération.

P. M. Woronzoff.

Lettre de M. DE MOLE, consul général de Suisse à Odessa.

(M. de Mole était lié d'amitié avec Monsieur le comte de Nesselrode, chancelier, et Mme la comtesse Edling. — Elle me fut adressée à Vienne.)

Odessa, 27 septembre 1837.

Monsieur,

Voici une lettre de S. Exc. le comte Woronzoff ; elle est relative, je crois, à l'entrevue que vous deviez avoir avec M. de Nesselrode.

Ce dernier, auquel madame la comtesse Edling a parlé fort au long en ma présence, a témoigné son vif regret de votre prompt départ; il en a paru même contrarié. Enfin il a été convenu que vous lui écririez directement à Pétersbourg, et peut-être cela vaut-il mieux, car une lettre reste mieux, et peut se transmettre plus facilement que des paroles.

Madame la comtesse a supprimé votre lettre au comte de Woronzoff. Elle a jugé que la phrase qui la concerne aurait gâté l'affaire, car, dit-elle, le comte a une horreur pour toutes celles où les femmes sont mêlées. Mais en écrivant au comte Nesselrode, la même précaution n'est pas nécessaire.

Nous faisons tous bien des vœux pour l'heureux succès de votre entreprise, dont le but nous paraît convenir à tous les peuples et à tous les honnêtes gens.

Recevez, Monsieur, l'assurance de mon sincère attachement.

IVAN DEMOLE.

Il ne m'a pas réussi de remplir encore votre petite commission; mais nous le pourrons dans quelques jours, à l'arrivée des Tatares criméens qui apportent ces objets d'Odessa.

Lettre de Mme la comtesse EDLING.

Odessa, 22 novembre 1837.

J'ai reçu, Monsieur, votre envoi de Vienne, avec autant de reconnaissance que de plaisir; il n'a fait que rendre plus vifs les vœux que je forme pour le succès d'une entreprise qui me semble bien en harmonie avec les besoins de l'époque. On doit être si las de se haïr, de s'injurier, de ne pas vouloir se comprendre, quoique appartenant tous, bon gré mal gré, à la même famille, quoique suivant tous, en dépit des efforts de plusieurs, la même loi, la grande loi d'amour et de charité universelle, la loi de Christ. Votre journal, conçu et rédigé dans cet esprit, doit nécessairement sortir de la catégorie des journaux ordinaires. Marqué au coin de la justice et de l'impartialité, il ralliera autour de lui toutes les âmes généreuses qui ne veulent que la vérité. La mission est belle, quoique difficile. Nous vivons dans un temps où toutes les difficultés matérielles semblent disparaître devant la volonté humaine; pourquoi n'en serait-il pas de même des difficultés morales, lorsqu'on les aborde avec un esprit religieux et conciliant? Ce sera sûrement le vôtre, et je crois alors pouvoir vous promettre d'avance l'appui de la partie la plus religieuse et la plus conciliante de la société humaine : celui des femmes. Elles s'empresseront de concourir à cette œuvre de paix et de bon sens. Pour ma part, je vous prie de me compter au nombre de vos abonnés, aussitôt que votre journal sera admis à circuler dans ce pays; et, dans le but de faciliter la tâche que vous vous êtes imposée, j'engagerai les personnes qui pourraient vous fournir quelques articles intéressants sur nos contrées à vous les transmettre de préférence. M. le comte Capo-d'Istria a écrit dernièrement à M. Eynard par rapport à la publication dont nous vous avons parlé. Elle doit l'intéresser, parce qu'elle placera dans tout leur jour ses nobles sacrifices et son admirable dévouement pour une cause tombée, depuis, du domaine élevé de l'histoire dans celui des tracasseries et des petites noirceurs diplomatiques. Cette publication est d'autant plus urgente, que la noble vie du président de la Grèce se trouve également défigurée par ses prétendus amis comme par ses ennemis. Peut-être vous sera-t-il tombé sous la main certains mémoires historiques d'un M. Papandopoulo-Preto, que la famille et les amis du défunt renient de tout leur cœur. La correspondance authentique du comte Jean Capo-d'Istria, précédée d'une Notice biographique, écrite avec autant de conscience que de connaissance des faits, mettra enfin un terme à ces productions éphémères, aussi peu dignes de celui qui en est l'objet que des temps mémorables où il a vécu. Nous comptons sur votre coopération, qui vous sera facilitée, j'en suis sûre, par celle de M. Eynard, auquel le comte Augustin Capo-d'Istria

transmettra le manuscrit en question aussitôt qu'il y sera autorisé par lui. La peste, qui est venue nous visiter fort mal à propos, retarde dans ce moment la copie de cette correspondance;
mais elle sera finie et mise en ordre dans les premiers jours du
mois de janvier prochain, et mon frère Stourdza, qui en est l'éditeur, aura l'honneur d'entrer en relation avec M. Eynard et avec
vous, Monsieur, aussitôt que son travail sera terminé. Quoique
mon rôle d'intermédiaire soit à peu près fini, je serai toujours
charmée de rester au courant de ce qui concerne votre entreprise.
Et s'il n'est pas permis aux femmes de paraître, il ne leur est pas
défendu de s'intéresser vivement à tout ce qui paraît, surtout
lorsqu'il s'agit d'une apparition qui s'annonce sous de si favo-
rables auspices.

Comtesse EDLING.

Lettre de M. le comte DE NESSELRODE, chancelier.

(Cette lettre a pour objet la réouverture du journal *la Paix*, dont me par-
lait M. le prince de Woronzoff dans sa lettre du 2 *juillet* 1858.)

Saint-Pétersbourg, 6/18 juin 1850.

C'est au moment de mon départ pour l'Allemagne que j'ai
reçu, Monsieur, la lettre que vous m'avez adressée en date du
30 mai. N'étant plus à même de prendre au sujet de son contenu
les ordres de Sa Majesté l'Empereur, c'est à mon retour ici,
après une absence de trois mois, que je dois me réserver de vous
faire connaître l'accueil qu'obtiendra le vœu que vous m'avez
exprimé. Veuillez, en attendant, recevoir l'assurance de ma parfaite considération.

NESSELROD.

AUTRICHE.

Je n'ai qu'un document important en ce qui concerne mon séjour à *Vienne* : c'est la lettre pleine de bonté et d'obligeance que m'adressa M. le comte *de Saint-Aulaire*, alors notre ambassadeur à Vienne, pendant mon séjour à *Berlin*.

Tout se passa à Vienne en conférences que M. le prince de Metternich voulut bien m'accorder par l'intervention de M. de Saint-Aulaire. — Le prince me combla de marques d'estime et de confiance, dont je m'honorerai toujours.

Il s'agissait, dans la lettre de M. de Saint-Aulaire, de la publication *internationale* que je projetais alors, et dont Mme la comtesse Edling exprime dans des termes si remarquables la pensée fondamentale ; elle devait avoir, avant tout, l'assentiment de notre Gouvernement. Au moment où M. de Saint-Aulaire m'écrivait, il n'avait rien reçu encore de Paris à ce sujet. C'est à *Berlin* que se traitait définitivement cette négociation si délicate, et qui aboutit d'une manière inespérée *aux deux ordonnances* qui favorisaient la publication projetée.

Lettre de M. le comte DE SAINT-AULAIRE,
ancien ambassadeur de France à Vienne.

Pour que le paquet parte encore aujourd'hui, cher Monsieur, je ne vous dirai qu'un mot ; l'heure de la poste me presse. — Pas un mot ne m'a été dit ici, ni écrit de Paris, à votre sujet. Je ne devais pas prendre l'initiative. Je reste donc dans une ignorance complète.

J'aurais bien du plaisir à vous voir encore ici ; mais il faudrait pour cela que votre séjour à Berlin fût de courte durée. Je compte être à Paris à la fin du mois. Il faudra bien que vous y reveniez un jour, et j'espère que vous ne dédaignerez pas mon petit pied-à-terre de la rue de Bourbon, moins vaste que l'ambassade de *Minoriten-Platz*, mais où vous trouverez toujours même visage d'hôte.

· Mon fils est bien reconnaissant de votre souvenir, et s'unit à moi, cher Monsieur, pour vous offrir l'assurance des sentiments les plus sincères.

Saint-Aulaire.

Lettre de M. le comte D'EGGEN, chambellan de S. M. l'Empereur d'Autriche.

Monsieur,

Tout en fouillant dans les souvenirs de votre voyage en Russie, vous pourriez retrouver un nom étranger, prononcé quelquefois avec intérêt par votre compagnon de route le baron George de Jellachich.... Eh bien, Monsieur, c'est le nom que vous trouverez au bas de cette lettre. Celui qui le porte a d'autant plus vivement regretté les circonstances qui l'ont empêché de se rendre à Vienne qu'elles le privaient d'un avantage précieux, celui de vous assurer de vive voix combien de grâces il devait à l'heureux hasard auquel mon ami si chéri, si intime, devait le bonheur de votre rencontre et de votre aimable société pendant le cours d'un voyage qui, du reste, se trouvait encombré d'accidents fâcheux, de retards inattendus, de mécomptes assez difficiles à supporter.

Ce pauvre et cher ami ne passait que quelques jours avec moi. Au milieu des jouissances d'un revoir qui me comble toujours de bonheur, et qui était particulièrement charmé par les récits de ses petites aventures (1), il fut frappé de la malheureuse nouvelle que sa mère l'attendait, atteinte d'une grave maladie presque sans espoir. Il vola chez elle, la trouva extrêmement changée, et, malgré tous les secours de l'art, malgré les soins dont

---

(1) Nous fûmes retenus en quarantaine à Skulany pendant quatorze jours, à notre départ de *Jassy* (Moldavie), à cause de la *peste*, qui sévissait sur la rive droite du Danube.

l'entouraient ses trois fils réunis autour de son lit de douleur, elle fut enlevée à leur piété filiale, à leur tendresse, qu'elle méritait si bien par un dévouement maternel dans toute la force sacrée du terme. Je me trouve dans ce moment chez lui, partageant sa douleur, et trop heureux de la conviction que mon attachement inexprimable le console quelquefois, et donne un soulagement aux peines qu'il a eues à subir.

Les relations amicales qui se sont établies entre vous et lui, et auxquelles je participe comme à tout ce qui le concerne, me font espérer que ces détails ne vous importuneront pas. Elles me font désirer vivement de rester en quelque rapport avec l'homme célèbre qui a été si obligeant compagnon de voyage. Je serai donc très-heureux de me trouver dans le nombre des abonnés au journal que vous rédigez, et dont la pensée et la tendance nous tiendraient toujours rapprochés de celui qui nous adresse ainsi sa parole intéressante et pleine de savoir.

Veuillez donc, Monsieur, m'honorer d'une réponse qui me trouvera à Clagenfourt, sous l'adresse toute simple de mon nom, et dans laquelle vous auriez la bonté de m'indiquer la voie de recevoir votre journal, qui sera d'un double intérêt pour l'amateur de la littérature française, en général, ainsi qu'en particulier pour un homme qui professe l'estime la plus sincère pour le rédacteur.

Ayant l'honneur de vous répéter mes hommages, je vous prie d'accorder un petit moment de loisir

A votre

Très-obéissant serviteur,

Le Comte Ferdinand d'Eggen.

PRUSSE.

Trois lettres de M. le baron DE WERTHER, ministre des affaires étrangères de Prusse.

(Pendant mon séjour à Berlin.)

Berlin, 13 *décembre* 1837.

Monsieur,

J'ai beaucoup regretté de ne pas avoir le temps de vous revoir aujourd'hui, vu que la séance du conseil des ministres m'a pris toute ma matinée.

Monsieur le ministre de l'intérieur se trouve depuis hier à Berlin. Ce ministre (M. de Rochow) m'a chargé de vous prier, Monsieur, de vouloir bien venir le trouver demain vers six heures. Il aura l'honneur de vous entretenir alors sur l'affaire du journal *la Paix.*

Veuillez agréer, Monsieur, l'assurance renouvelée de ma considération distinguée.

WERTHER.

Berlin, 23 *février* 1838.

Monsieur,

J'ai prévenu M. de Nagler de votre visite. Il sera charmé de faire votre connaissance ; mais il vous fait prier de passer chez lui dimanche ou lundi prochain à 10 heures du matin, parce que ses occupations l'empêcheraient de vous recevoir demain.

Agréez, Monsieur, l'assurance de ma considération distinguée.

WERTHER.

Berlin, 20 *mars* 1838.

Monsieur,

Je viens de recevoir dans le moment la lettre de S Exc. Monsieur le ministre de l'intérieur relative à la publication de votre journal.

Je me suis empressé de la transmettre à M. Philipsbern (conseiller intime de légation), que je vais inviter d'aller vous voir aujourd'hui entre 4 et 6 heures. Je l'ai prévenu de votre visite.

Recevez, Monsieur, l'assurance de ma considération distinguée.

WERTHER.

Traduction de la lettre collective
de M. le baron DE ROCHOW, ministre de l'intérieur,
et de M. le baron DE WERTHER,
ministre des affaires étrangères à Berlin.

(Cette lettre est relative à l'affranchissement du timbre que le Gouvernement prussien m'avait accordé pour la publication du journal français *la Paix, revue universelle et quotidienne*, à Aix-la-Chapelle.)

Monsieur,

En conséquence de la résolution que nous vous avons communiquée hier collectivement, et en réunion de S. E. le baron d'Altenstein (1), nous vous prévenons que S. E. le ministre des finances, par notre intervention, a déclaré être prêt de vous affranchir du timbre pour la gazette *Revue universelle et quotidienne*, préalablement *pour un an*, jusqu'à ce que le succès de votre entreprise soit suffisamment constaté.

(1) Le ministre de l'instruction publique et des cultes.

Vous aurez à nous faire connaître le moment où votre entreprise sera mise à exécution, afin que nous puissions nous mettre
en communication avec S. E. le ministre des finances pour l'or-
donnance qui devra être rendue au receveur des impôts de la
province.

WERTHER.

La même décision fut prise pour le *droit de poste* et pour le *port franc*
du journal. — Elle est datée du 25 avril 1838.
Je produis les deux ordonnances en original.

Deux ordonnances des ministres de l'intérieur
et des affaires étrangères de Prusse,

Qui affranchissent du timbre et du droit de poste le journal *la Paix*, *revue
universelle*, que je venais de publier en 1838, à Aix-la-Chapelle.

Ew. Wohlgeboren benachrichtigen wir hierdurch mit Bezug auf unser
Schreiben vom 4. d. M., daß auch der Herr Gaf des gesammten Postwesens
nunmehr seine Geneigtheit gegen uns ausgesprochen hat, dem von Ihnen
unter dem Titel : » *Revue universelle et quotidienne* « herauszugebenden
Journal die Befreiung von der regulativmäßigen Zeitungs-Provision vorläufig und bis ein günstiger Erfolg des Unternehmens sich herausgestellt
hat, auf ein Jahr zu Theil werden zu lassen. — Wir sehen daher auch in
dieser Beziehung Ihrer Anzeige über den Zeitpunkt, von welchem ab das
Blatt erscheinen wird, entgegen.

Berlin, den 25. April 1838.

Die Minister

Des Innern und der Polizei,	Der auswärtigen Angelegenheiten
Rochow.	Werther.

Im Verfolg des Ihnen von uns in Gemeinschaft mit des Herrn Geheimen Staats-Ministers Freiherrn von Altenstein Excellenz unterm gestrigen Tage ertheilten Bescheides machen wir Ihnen bekannt, daß des Herrn Finanz-Ministers Excellenz auf unsere Verwendung Sich bereit erklärt hat, einstweilen, bis der Erfolg des von Ihnen beabsichtigten Unternehmens, wegen Herausgabe einer politischen Zeitung in französischer Sprache unter dem Titel : *« Revue universelle et quotidienne »* und der Umfang, den sich dasselbe zu verschaffen vermag, näher zu übersehen ist, und vorläufig auf ein Jahr die Stempelung dieser Zeitung unentgeltlich geschehen zu lassen. Wir überlassen Ihnen, uns, sobald das Unternehmen bis zur Ausführung gediehen ist, davon Anzeige zu machen, damit wir sodann mit des Herrn Finanz-Ministers Excellenz wegen der vorbehaltenen Anweisung der Provinzial-Steuer-Behörde in weitere Communikation treten können.

Berlin, den 4. April 1838.

Der Minister des Innern und der Polizei,

Rochow.

Der Minister der auswärtigen Angelegenheiten,

Werther.

Lettre du général DE PFUEL (1)

Neufchâtel, le 11 juin 1837.

Monsieur,

J'ai eu l'honneur de recevoir vos deux lettres du 31 mai et du 4 juin.

Les bases sur lesquelles vous voulez développer votre nouvelle publication sont de nature à réunir tous les suffrages des vrais amis de l'ordre et de la morale, et je me ferai un plaisir de recommander votre journal à notre ministre de l'intérieur.

(1) Le général de Pfuel fut, peu après, président du Conseil des ministres en Prusse.

Si la *Gazette d'Augsbourg* est sans contredit le meilleur journal que nous ayons en Allemagne, le caractère que vous vous proposez de donner à votre journal, sous le point de vue international et de morale politique, le rendra bien supérieur au journal allemand, qui ne s'est posé d'autre but que d'admettre avec impartialité les opinions de toutes les couleurs.

La civilisation a encore un grand pas à faire : c'est que l'égoïsme national ne détermine plus la politique des cabinets, mais que ce soient la justice et la morale ; et quiconque aura contribué à ce noble but aura bien mérité de l'humanité.

J'ai lu avec beaucoup d'intérêt votre réfutation de l'article contre notre Roi, et je vous remercie bien sincèrement d'avoir mis dans tout son jour la mauvaise foi et l'absurdité de cet article.

Je vous suis bien obligé, Monsieur, de la bonté que vous avez de m'envoyer votre journal ; comme la chancellerie y est abonnée, je le lisais déjà avant, tous les jours, et maintenant que je partirai à la fin de ce mois pour retourner en Allemagne, je vous prie de ne plus vous donner la peine de me l'envoyer, et de recevoir encore une fois mes vifs remerciements de cette obligeante attention.

J'ai l'honneur de vous exprimer les sentiments de ma plus parfaite considération, avec laquelle j'ai l'honneur d'être,

Monsieur,

Votre

Très-humble et obéissant serviteur,

De Pfuel.

Lettre de M. le baron ALEXANDRE DE HUMBOLDT.

1837.

C'est moi, Monsieur, qui ai vivement regretté que ma vie solitaire et prosaïque de la cour m'ait privé jusqu'ici du plaisir de

vous voir. Votre visite me sera doublement agréable, parce
qu'elle me procurera l'avantage de vous prier d'être auprès de
M. Guizot l'interprète de mes sentiments de dévouement affectueux. Il m'a connu sortant des forêts de l'Orénoque, et mes
peintures de ces fertiles et sauvages contrées, hasardées dans
votre langue, ont reçu de lui les premiers encouragements litté-
raires. Liés d'une étroite amitié, souvent opposés dans nos vues
politiques, nous avons assisté ensemble à ce grand drame dont
le dénouement, j'espère, restera digne d'un peuple doué de tant
d'esprit, d'action, et d'une si haute intelligence. Géologue, déjà
un peu fossile et pétrifié, je redoute maintenant le froid d'Esqui-
maux dans ma patrie. J'ose donc accepter votre aimable offre
de venir me voir dans mon étude. Je désire que vous soyez libre
demain mercredi entre 10 et 11 heures du matin.

Agréez, je vous supplie, Monsieur, l'assurance de ma haute
considération.

ALEXANDRE DE HUMBOLDT.

LIVRE PREMIER

INTRODUCTION

LA FRANCE CONSIDÉRÉE DANS SES RELATIONS INTERNATIONALES

CHAPITRE I.

I

La France et l'Angleterre.

S'il est deux grands peuples dont l'alliance intime, loyale, généreuse, pût assurer le repos de l'Europe moderne, on peut dire du monde, c'est bien celle de la France et de l'Angleterre. Mais depuis notre grande rénovation de 89, destinée, à son origine, à réunir dans une même pensée d'ordre, de conservation, de véritable liberté et de progrès, le principe monarchique, dans le trône, la démocratie, et dans l'égalité; depuis cette noble et glorieuse époque de régénération

5

sociale, dont la France a donné le signal et l'exemple, on dirait qu'une secrète envie, un sentiment de jalousie hostile, anime contre elle, sinon la nation anglaise elle-même, du moins son Gouvernement, dans les deux grands partis qui s'y sont succédé, tories et wighs.

On conçoit que l'effroi causé à l'Europe par l'explosion du volcan révolutionnaire qui engloutit la royauté, déchaîna sur la France l'ouragan qui fit table rase de ses institutions, et, de la France, s'étendit sur l'Europe; on conçoit que le parti tory, surtout, personnifié en Pitt, excité d'ailleurs par les membres de la famille royale exilée, après l'immolation terrifiante et cent fois cruelle du trop malheureux et trop faible Louis XVI; plus cruelle encore de cette Marie-Antoinette, Reine charmante et si odieusement calomniée; de cette noble et si touchante princesse de Lamballe; on conçoit, disons-nous encore, que la politique toute monarchique et conservatrice des tories, qui avait gardé le souvenir et les traditions *des Stuarts*, se soit efforcée de soulever l'Europe contre la France.

Cette coalition, qui semblait devoir l'accabler, secondée encore par l'émigration des plus grands noms de notre antique noblesse, dont la cause du trône était aussi la sienne, ne servit qu'à faire éclater toute la force de ce peuple ardent, avide de gloire, et animé des plus nobles comme des plus terribles passions dans ses jours d'emportement et de colère.

L'Europe fut vaincue.

Après cet effort suprême, le puissant génie qui du simple rang de sous-lieutenant s'était élevé au faîte du commandement militaire, et y avait acquis une gloire immortelle; ce premier des trois consuls de notre République épurée, qui aspirait déjà au retour à la monarchie, conquit une gloire plus grande

encore que celle des armes par la réorganisation sociale, religieuse, administrative, de la France ; par ce Code admirable
de nos lois civiles et criminelles, dont l'Europe s'empare
successivement, à l'exception de l'Angleterre, qui se croirait
humiliée de nous devoir quelque chose.

Ce n'est pas dans un simple et rapide aperçu des relations
internationales de la France, à commencer par l'Angleterre,
que l'on peut approfondir la différence qui existe entre les
institutions des deux peuples sous le rapport de leur constitution politique, de leur administration dans ses diverses
branches; c'est un tout autre sujet que nous avons à traiter :
celui de l'alliance des deux nations, et des bienfaits qui en
résulteraient pour le perfectionnement paisible de l'humanité
parmi les peuples civilisés.

Eh bien! disons-le : sans remonter à l'antagonisme des
deux nations, à partir de la chute des Stuarts, antagonisme
que la révolution française rendit plus profond et plus hostile encore, n'en rappelons les effets que depuis l'érection
de l'Empire. N'est-ce pas à la haine de l'Angleterre, à son or
répandu dans l'Europe entière pour la soulever contre la
France, après un court intervalle de repos, que sont dues ces
guerres gigantesques après lesquelles elle expia sa gloire
par son excès même, et cette soif de domination universelle
dont le rêve trop ambitieux égara ce même génie à qui elle
devait sa puissante, sa magnifique transformation?

II

Ne datons la politique anglaise à l'égard de la France que
de 1814 et de 1815, — époques des deux célèbres congrès
qui se sont succédé dans un si court intervalle.

Si quelque chose doit étonner (autant qu'on le puisse lorsqu'on sait avec quelle facilité le principal organe de sa
presse périodique passe d'un ton à un autre dans ses appréciations trop souvent blessantes et ses affirmations alternativement contradictoires), c'est de l'entendre vanter *la générosité* de la politique anglaise dans ces deux Congrès, et
surtout après le dernier (1).

L'histoire, dit-il, ne permet pas de douter de la bonne volonté
du peuple et du Gouvernement anglais à l'égard de la France.

Ce n'est que justice de rappeler les faits suivants : c'est à l'Angleterre que la France le doit, si les alliés n'ont pas abusé de leur
victoire en démembrant le territoire français dans le premier
moment de triomphe et d'animosité, et ce dernier sentiment, aucune nation n'avait, plus que l'Angleterre, de motifs pour l'éprou-
ver, au sortir de la lutte sanglante de Waterloo. L'Angleterre a
insisté le plus possible auprès des autres puissances pour dimi-
nuer la durée et la rigueur des tristes mais inévitables conséquences de la conquête, c'est-à-dire de l'occupation par l'étranger du
territoire d'un peuple brave et susceptible. C'est à nous que la
France le doit, si un général prussien n'a pas réalisé son désir de
vengeance en détruisant les monuments de Paris...

Quand la dynastie de Bourbon, que nous avions tant contribué
à établir, est tombée en 1830, nous avons donné l'exemple à
l'Europe en reconnaissant sur-le-champ la dynastie qui lui suc-
cédait, et nous avons montré le même respect pour le choix du
peuple français quand il a établi successivement la République, le
Président et l'Empire.

Nous nous sommes associés de grand cœur à la France dans
une grande guerre, et nous ne sommes point intervenus lorsqu'en 1859 elle a attaqué l'Autriche, notre vieille alliée. Nous
n'avons pas été jaloux quand elle s'est jointe à nous en Chine, et
nous n'avons nullement cherché à entraver la politique qu'il a
plu à l'Empereur de suivre en Cochinchine et au Mexique.

(1) Voir le *Times* du 5 décembre.

Dans notre traité de commerce, nous lui avons concédé tout ce qu'elle pouvait raisonnablement souhaiter, et maintenant elle trouve un immense avantage dans le marché que nous lui avons offert, et elle profite du charbon que nous nous sommes engagés à lui fournir.

Pour tout cela, ainsi que pour tous les bons offices que nous pouvons lui rendre, elle est cordialement la bienvenue. Nous ne demandons, en retour, qu'un peu des bons procédés et un peu de cette justice que sa presse est contrainte d'observer à l'égard du plus mince agent qui, à un titre quelconque, représente la puissance et l'influence de son Gouvernement.

III

Ainsi, à entendre le *Times*, avec ce ton de candeur et de modération qu'il sait prendre dans ses bons jours, c'est à l'Angleterre que la France doit, en quelque sorte, de ne pas avoir été partagée en 1815, tout au moins ignominieusement dégradée par la destruction de ses plus beaux, ses plus glorieux monuments, au gré de la vengeance d'un général prussien !

Mais l'Angleterre a-t-elle, ou plutôt le *Times* a-t-il oublié ce défi de Louis XVIII, défi tout français, simplement héroïque dans sa calme fermeté : « *J'irai me placer sur le pont d'Iéna : osez le faire sauter !* »

Savez-vous ce qui plaida la cause de la France ? C'est la sublime campagne du héros de *Montmirail*, de *Champaubert*, de *Montereau*, autour de Paris, avec une élite de braves, contre les armées innombrables de l'Europe coalisée ! Voilà la vraie *plaidoirie* de la France, celle qui lui valut la conservation de son territoire, *à elle* dont les conquêtes lui furent reprises. Je ne parle pas de ses *colonies*, par pudeur pour l'Angleterre.

Oui! c'est la crainte de voir ce même peuple, que le *Times* veut bien trouver *brave* et *susceptible*, se lever comme un seul homme dans le pays tout entier, et enserrer dans des millions de soldats improvisés ces mêmes armées qui ne seraient pas sorties vivantes de ce sol qu'elles avaient profané; trop heureuses si elles n'en avaient été que refoulées au loin.

IV

S'il fut un souverain dont il est juste de louer la modération, qui avait su apprécier celle du vainqueur sous la *tente du Niémen* où fut réglée dans un cordial serrement de mains la paix de *Tilsit*, ce fut *Alexandre I*^{er}, l'auguste père du digne fils qui a hérité de son nom comme de sa bravoure et de la noblesse de ses sentiments. C'est à lui surtout, après la prudente appréciation du danger de réveiller le lion français, qu'il faut attribuer le mérite de cette intervention bienveillante et sympathique dont le *Times* décerne l'honneur à l'Angleterre; ce n'est pas sans regret, peut-être, qu'elle s'y associa.

Mais, dit-il encore : « *Nous nous sommes associés de grand cœur à la France dans une grande guerre* » (pas très-vite d'abord). Mais enfin, cette grande guerre était contre la Russie, qui menaçait à la fois l'Europe par la conquête de Constantinople, et l'Asie par son expansion constante vers la Perse, les Indes et l'extrême Orient. Et qui fut, sinon généreux encore, du moins modéré après la victoire? qui tendit de nouveau, comme à Tilsitt, une main loyale et amie à une puissante nation, après être accourue la *première* pour en arrêter l'ambition séculaire? Est-ce aussi l'Angleterre, comme elle avait été *généreuse* envers la France; l'Angleterre! qui se fût refusée à la paix, avec l'ardent désir de détruire *Cronstadt* et les flottes de la Baltique, comme avaient été détruites celles de la mer Noire?

V

Ah! du moins elle fait valoir sa *non-intervention* lors de la guerre d'Italie contre l'Autriche, *sa vieille amie*. Par *les armes et l'argent*, oui! Ce même *Times* nous l'a dit : l'Angleterre n'a cru devoir donner à *sa vieille amie* ni *un soldat* ni *un écu!*

Mais après la paix de *Villafranca* et de *Zurich*, paix digne de la France, la *non-intervention* de l'Angleterre en faveur de l'Autriche s'est au moins signalée par les excitations de sa diplomatie contre le pouvoir temporel du pape; par l'appui de tout genre donné *généreusement* à Garibaldi pour soulever la Sicile, envahir Naples, et déposséder du trône Ferdinand II, l'allié de *sa vieille amie*.

Et lorsque, pour seul prix de sa victoire, la France a, non pas imposé mais demandé équitablement au Piémont, qui lui devait le refoulement de l'Autriche jusqu'à l'Adriatique et la domination sur l'Italie presque entière, la cession de *Nice* et de la *Savoie*, laissées au libre suffrage de leurs populations aspirant à redevenir françaises, tandis que la France trouvait dans leur retour le rétablissement de ses frontières sur les Alpes maritimes, — est-ce encore l'Angleterre qui a loyalement, *généreusement* applaudi à cette légitime et trop tardive annexion?

VI

Mais *elle n'a pas été jalouse quand la France s'est jointe à elle en Chine.* C'est encore bien généreux de sa part! Nous nous bornerons à lui demander si la *prise de Pékin* lui eût été bien facile sans nos braves, et si elle n'en a pas recueilli sa large part d'avantages dans les conditions de la paix avec la Chine?

Enfin, « *l'Angleterre n'a nullement cherché à entraver la politique qu'il a plu à l'Empereur de suivre en Cochinchine et au Mexique.* »

Pour la Cochinchine, soit : il a plu à l'Empereur d'y défendre des chrétiens (à la vérité *catholiques*), des martyrs qui s'y dévouaient à la propagation de la foi, en outre de nos nationaux qui s'y livraient au commerce; et cette protection à laquelle l'Angleterre n'avait pas cru devoir *s'associer* cette fois, la noble Espagne en avait partagé l'honneur.

Mais le *Mexique!* Il faut vraiment au *Times* un grand courage pour affirmer que l'Angleterre n'a pas *cherché à y entraver la politique de l'Empereur.* Quelle était donc cette politique? La convention signée à Londres entre l'Angleterre, l'Espagne et la France, en définit clairement l'objet et le but. La France y prenait la plus faible part d'action, quoique y ayant intérêt égal pour y protéger ses nationaux. L'Espagne y dominait par le contingent de son corps d'armée, triple du nôtre, et l'Angleterre par son armement maritime.

VII

Nous le disons avec un profond regret à l'égard de l'Espagne : la retraite de son armée, l'abandon que son chef vaillant, mais trop ambitieux peut-être, a fait de nos braves, ont été une faute grave, mais bien vite oubliée entre deux peuples généreux qui ont entre eux tant de causes d'affinité, de fraternité, par la noblesse de leur nature et leur intime voisinage. Le retour à des sentiments de cordiale amitié, d'alliance toute fraternelle, est une des grandes satisfactions de la France.

Mais l'Angleterre n'a-t-elle été pour rien dans cet abandon de la triple convention qui liait les trois puissances, et dont elles laissaient le fardeau, comme exécution, à la seule France et à la poignée de braves qui allaient en porter tout le poids?

Dieu merci, *la France est assez riche pour payer sa gloire*; mais elle ne sera pas assez dupe pour n'en retirer que l'honneur. Grâce à elle, et à elle seule, puisque l'Angleterre l'a voulu, le Mexique, cette magnifique et si admirablement féconde partie de l'Amérique du Sud, est délivré d'une oppression spoliatrice et ruineuse; sa rénovation est désormais assurée. Monarchique par ses traditions, par ses mœurs, par sa religion, elle retrouvera sous cette forme de gouvernement, qui tire sa force de conservation *de l'unité du pouvoir*, entouré d'institutions, non pas républicaines, mais démocratiques et constitutionnelles (car la *république* et la *monarchie* sont les antipodes dans l'ordre social), elle retrouvera, disons-nous, l'ordre, la paix, le travail, et par le travail la richesse, qui lui permettra de payer sa dette de reconnaissance et de protection à sa noble libératrice.

Elle donnera ainsi l'exemple, après le Brésil, à ses sœurs de cette même Amérique du Sud, qui se débattent sous cette forme si mobile qu'on nomme *république*, dont s'emparent des chefs ambitieux qui s'en disputent le pouvoir par tous les genres d'oppression et en dévorent les richesses. — Mais, monarchie ou république encore, c'est à son peuple à en décider ; du moins la France aura glorieusement accompli son œuvre réparatrice de toutes les violences, les exactions dont un Gouvernement oppresseur et sans foi, devenu odieux à ses propres nationaux, avait rendu les nôtres victimes. L'Angleterre en profite pour *les siens*; la France n'en exige pas même un remercîment.

VIII

Un mot seulement en ce qui touche notre traité de commerce avec l'Angleterre. « *Elle nous a concédé* (dit le *Times*) « *tout ce que nous pouvions raisonnablement souhaiter*, et « maintenant la France trouve *un immense avantage dans* « *le marché qu'elle nous a offert, et nous profitons du charbon* « *qu'elle s'est engagee à nous livrer.* »

Quelle *générosité!* Nous voudrions bien savoir laquelle des deux parties profite le plus de ce traité et de nos échanges, et de quel côté est l'avantage dans les droits de douane des divers produits admis réciproquement. Pour qui connaît l'esprit mercantile de l'Angleterre, poussé à sa plus extrême perfection, il ne peut y avoir doute sur celui des deux peuples qui y trouve son compte.

Concluons.

IX

Nous l'avons dit, l'alliance loyale, véritablement généreuse, de nos deux puissantes nations, serait un grand bienfait pour l'Europe et pour le monde, mais à cette seule condition seulement ; tandis qu'une alliance cauteleuse, profondément égoïste, envieuse, ne peut être que précaire, et, par
cela même, soumise à toutes les éventualités politiques.

Il faut rendre cette justice à la France, elle a mis, depuis
les traités de 1814 et 1815, que l'Angleterre a tant à cœur
de maintenir, la plus grande longanimité dans ses rapports
avec elle, jusqu'au point d'en supporter des exigences humi-
liantes dans une pensée de conservation et de paix, sous
les deux règnes précédents, qui cependant peuvent revendiquer avec honneur la conquête de l'Algérie, malgré l'Angleterre ; la prise de la citadelle d'Anvers, dont la nationalité
de la Belgique neutralisée a été la conséquence.

La France du nouvel Empire n'a, grâce à Dieu ! accepté ou
subi rien d'humiliant ; mais elle a fait à l'alliance anglaise
toutes les concessions compatibles avec son honneur et le désir de maintenir la bonne harmonie entre les deux peuples.
C'est tout ce que l'Angleterre est en droit d'attendre d'elle ;
mais rien au delà. Par cela même, la France est en droit
aussi, non de rechercher, mais d'accepter librement, avec
une sincère pensée de loyauté, de bienveillance réciproque,
l'alliance de l'Europe continentale ; c'est celle à laquelle elle
a le plus d'intérêt, et qui présente à l'Europe elle-même le
plus d'avantages et de gages de sécurité.

C'est ce qui nous reste à établir par une rapide appréciation des divers rapports internationaux de la France.

CHAPITRE II.

La France et l'Autriche.

I

Le retour de tendresse un peu tardif de l'Angleterre pour *sa vieille amie* me fait un devoir, je dirai plus, un plaisir, de m'occuper d'elle avant toute autre parmi les premières nations continentales. — C'est, d'ailleurs, par un sentiment de reconnaissance pour les bontés dont j'y fus comblé pendant mon séjour à Vienne, en 1837, par l'illustre prince de Metternich, une des plus grandes sagesses, sinon la plus grande, de l'Europe; je me plais à offrir cette expression de ma vive gratitude à son noble et digne fils.

Je l'avoue, j'ai eu toujours pour l'Autriche, je ne dirai pas précisément de la sympathie, mais une disposition favorable à reconnaître ce qu'il y a d'habileté, de sagesse, de douceur, surtout d'honnêteté, dans son système de gouvernement et sa politique.

De l'habileté! certes, il en faut beaucoup pour tenir si fortement en main les rênes d'un si grand nombre de nationalités réunies à ce faible noyau comme centre, qui, seul, constitue ce que l'on nomme *les États autrichiens*. Oui, c'est un grand effort de pondération que de maintenir l'ordre et l'équilibre dans ce vaste ensemble, et de dominer les froissements, les incompatibilités, les antagonismes, parmi ces peuples si divers comme mœurs, langage, traditions nationales.

C'est en cela qu'excellait M. le prince de Metternich, joignant à cette extrême habileté les autres conditions qui la complètent et en assurent le succès.

Aussi, pour ébranler un moment les deux trônes qui paraissaient les plus fermes, à Vienne et à Berlin, il a fallu la commotion électrique de notre dernière révolution de février 48, radicale sous sa forme républicaine, qui renversa en quelques heures notre antique monarchie. De là cette ardente levée de boucliers de la Hongrie, dont le succès, sans l'intervention puissante de la Russie, eût amené peut-être la la dislocation de l'empire tout entier, et, peut-être aussi, sinon la disparition absolue, du moins l'interrègne de l'illustre maison de Habsbourg.

II

C'est alors que fut commis ce *grand acte d'ingratitude* dont se vantait le noble mais trop imprudent prince de Schwartzenberg, et par lequel il devait *étonner le monde*. Qui sait si cet acte, fort étonnant sans doute, ne lui fut pas inspiré par la crainte que la Russie ne fît payer chèrement à sa débitrice ce service intéressé, par le redoutable Panslavisme, qui menaçait alors de sa domination les provinces danubiennes, et le fleuve lui-même, depuis la Hongrie jusqu'à la mer Noire?

Heureusement pour l'Autriche, l'impatient Nicolas se hâta trop de vouloir réaliser le testament de Pierre le Grand.

La sommation impérative du prince Mentschikoff retentit dans l'Europe entière; et, avant tout autre, pendant que l'Autriche délibérait et que l'Angleterre *attendait*, la France accepta la sommation hautaine et provocatrice; elle accourut

pour y répondre. Depuis la chute de Sébastopol, le testament
du profond génie qui rêvait aussi pour la Russie la domination universelle, ce testament n'est plus qu'une lettre
morte. L'Europe est délivrée de ce rêve orgueilleux qui trou-
blait son repos et menaçait de rompre si profondément son
équilibre. De son côté, la Russie, dégagée de ce legs si redoutable à conquérir, est appelée à de plus sûrs et plus glorieux destins.

Revenons à l'Autriche, *la vieille amie* de l'Angleterre et
la vieille ennemie de la France.

III

Combien de phases diverses, de péripéties mémorables,
dans cette inimitié, cet antagonisme, depuis *Charles-Quint*,
cet autre vaste génie dominateur, en présence de notre roi
chevalier, ce trop vaillant et galant *François I*^{er} *;* depuis le
désastre de *Pavie* jusqu'à nos dernières et glorieuses re-
vanches de *Magenta* et de *Solferino!* depuis la paix de *Madrid*
jusqu'à celle de *Villafranca* et de *Zurich!*

Eh bien! je ne crains pas de le dire, notre *vieille ennemie*
pourrait bien devenir notre *jeune amie,* sans cesser d'être la
vieille amie de l'Angleterre. J'ose croire même qu'elle y ga-
gnerait plus, par cela que nous mettons plus de sincérité
et de désintéressement dans notre amitié.

Mais, tout caractère de nation et tout sentimentalisme à
part, notre voisinage, dont nous sépare seulement l'Allemagne centrale, rend nos relations de peuple à peuple, de
Gouvernement à Gouvernement, de commerce à commerce,

d'industrie à industrie, de finance à finance, beaucoup plus directement et réciproquement utiles.

Les institutions mêmes que la nouvelle politique de l'Autriche et la sagesse du jeune empereur François-Joseph ont inaugurées et très-habilement rapprochées des nôtres, sous le rapport du régime *constitutionnel*, sont plus en harmonie avec les éléments si divers qui composent ce vaste empire que les institutions de l'Angleterre. — Tout donc nous convie non-seulement à vivre en bon accord, mais à apporter de plus en plus dans nos relations cette droiture, cette confiance qui, seules, rendent les alliances sûres, fécondes et durables, en conciliant tous les droits et tous les intérêts.

C'est ce que nous espérons pouvoir démontrer à l'égard de l'Autriche, comme de la Russie et de la Prusse, puissante trinité qui nous a été si hostile pendant et après la chute de notre premier et à jamais glorieux premier Empire ; comme pour l'Angleterre elle-même, qui fut la clef de voûte (*la clef d'or*) de cette quadruple coalition, nommée *sainte*, et le serait encore si les mêmes causes de crainte et d'exaltation des peuples contre l'esprit de domination par la conquête pouvaient se produire de nouveau, et par cette même France, sous son nouvel Empereur, par cela seul qu'il est l'héritier du grand nom de Napoléon !...

Nous l'avons dit, avec une conviction profonde et une émotion que ce nom, prestigieux et révéré comme un culte, rappelle : l'évangile politique de *Sainte-Hélène* est désormais la religion et le guide de l'auguste méditateur de *Ham*. L'Europe et le monde peuvent en croire sa parole ; l'Autriche surtout doit y avoir foi.

CHAPITRE III.

La France et la Russie.

I

Je l'avouerai, dût l'esprit de parti me traiter d'*antipolo-nais*, mes convictions, dès longtemps arrêtées et dont les preuves résultent *des pièces justificatives* que je m'honore de produire à la suite de cette première *étude politique ;* mes convictions les plus fermes, les plus mûrement réfléchies, sont en faveur des *alliances continentales* pour la France, et principalement celles des trois grandes cours qu'on est convenu d'appeler *du Nord*, quoique l'Autriche, dans sa constitution internationale et territoriale, appartienne en partie au centre et au midi de l'Europe.

Ces trois cours n'ont pas besoin d'être nommées ; elles ont été jusqu'à présent la base fondamentale des coalitions contre la France depuis sa grande rénovation de 89. L'Angleterre n'en était que le promoteur, l'auxiliaire et le *banquier*. C'est une raison de plus pour que leur alliance doive être considérée comme la plus sûre, parce qu'elle est toute naturelle, et ne peut qu'être la plus heureuse pour ces trois puissantes nations, qui ont éprouvé, ensemble et séparément, tout ce que la France a pu faire d'héroïque, aux jours de ses ardentes fermentations populaires et patriotiques, alors qu'elle était provoquée par la contre-révolution.

Dieu merci, il n'est plus aujourd'hui en Europe une seule

nation, grande ou petite, qui ne soit *révolutionnaire* dans le sens juste, vrai et sagement libéral du mot. Toutes, sans exception, ont résolument dépouillé, comme on dit en termes évangéliques, *le vieil homme;* à savoir, la vieille institution monarchique nommée de *droit divin,* et qui faisait dire aux rois : *L'État, c'est moi!* — Tous, rois ou empereurs, peuvent bien encore se considérer comme d'origine céleste, par *délégation* de Dieu sur les peuples ; mais tous aussi ont été amenés par la force du droit primitif qui a fait les rois (la voix du peuple, qui est la véritable *voix de Dieu!*) à reconnaître cette origine de leur pouvoir :

Le premier qui fut roi fut un soldat heureux.

Le poète eût dû dire un soldat *vaillant.* C'est sa bravoure qui lui valut d'être élevé sur le pavois, et proclamé chef de la nation ou de la tribu.

Mais ne discutons pas sur cette origine. Disons encore qu'il s'est opéré une véritable *révolution* dans les institutions politiques des divers Gouvernements de l'Europe, sans en excepter la Turquie ; et que, parmi elles, la Russie, où elles ont reçu, depuis plus d'un quart de siècle, de larges modifications dans un sens progressif, les a complétement sanctionnées par ce grand acte qui suffirait à la gloire de son généreux empereur, l'émancipation générale de ses peuples.

II

Cette *révolution,* dont la portée est immense (je ne puis trop répéter ce mot), m'amène à repousser bien loin de moi le grief fort grave dans nos préventions nationales, si vives et, disons-le, souvent si peu réfléchies et surtout si injustes, d'être *anti-polonais.* J'ose dire, au contraire, que nul plus que moi peut-être n'a de profonde et chaude sympathie pour la Pologne ; j'en considère le partage comme une des grandes iniquités du dernier siècle, alors que la France était déchue de sa puissance et de sa suprématie sur l'Europe.

Mais, par cela même que cet énorme excès du droit de la force et de la conquête a été consacré par des traités auxquels l'Europe entière et la France elle-même ont pris part (traités qui la lient envers tous les contractants, et principalement les trois nations copartageantes), je considère qu'il est impossible que ces traités soient brisés par elle en tout ce qui en existe encore, à moins de déclarer la guerre à la *Russie,* à l'*Autriche* et à la *Prusse,* qui sont entre elles solidaires des conséquences de l'acte de partage. C'est à cet excès de démence que l'Angleterre a voulu et voudrait encore nous exciter, sans entendre, de son côté, accorder à la Pologne le secours d'un *seul soldat, pas plus que d'un seul écu,* comme elle l'a déclaré alors qu'il s'agissait de sa *vieille amie ;* se réservant de s'allier encore avec elle, la Russie et la Prusse, pour nous punir d'avoir violé le principe sacramentel invoqué par cette même Angleterre comme l'arche sainte à laquelle il ne faut pas toucher : la *non-intervention !* l'ANGLETERRE !!...

Ce n'est pas ici le lieu d'entrer dans cette question à propos de la Pologne. Sa place est marquée là où j'exposerai toute ma pensée à ce sujet, dans ce que j'appelle bien présomptueusement le MANIFESTE DE LA PAIX.

J'examinerai alors, avec une convenance que je dois aux ardents amis, vrais ou factices, de la Pologne, et à notre Gouvernement lui-même, dont certes les protestations en faveur de cette noble cause n'ont jamais fait défaut ; j'examinerai, dis-je, avec la plus grande convenance à l'égard de tous, mais aussi avec une indépendance entière, quelle est la solution *possible*, *pratique*, *désirable*, pour rendre à ce peuple brave et trop malheureux tout ce qu'il peut, et est en droit, raisonnablement, sagement, de demander : de conserver sa *nationalité*, sous la triple domination que la conquête séculaire et les traités internationaux ont sanctionnée. J'ose espérer que, loin d'y mettre obstacle, la Russie sera la première à accepter cette solution, et trouvera dans l'Autriche et la Prusse la même disposition en faveur de la Pologne, sous le rapport de son autonomie, scrupuleusement respectée dans les conditions des traités de 1815 interprétés avec la plus grande libéralité.

CHAPITRE IV.

La France et la Prusse.

I

L'attention bienveillante de nos lecteurs se sera certainement portée sur les *Pièces justificatives*. Ils auront été frappés de la lettre de M. le général de Pfuel, si remarquable sous le rapport de l'élévation de la pensée, de la générosité, de la noblesse des sentiments, de l'esprit de fraternité entre les peuples, sur lequel il aurait voulu voir tous les Gouvernements baser leur politique. J'en pris les termes mêmes pour épigraphe du programme que je répandis en Prusse en 1837, à un grand nombre d'exemplaires, au retour de mon exploration dans la Russie méridionale, après avoir obtenu du Gouvernement prussien l'autorisation d'ouvrir, à Aix-la-Chapelle, une publication sous le titre de: *La Paix, revue universelle et quotidienne.* J'ai fait connaître, dans la *Préface,* les faits qui se rattachaient à cette entreprise d'une si haute portée internationale, et la faveur avec laquelle elle avait été accueillie par l'Autriche, la Russie et la Prusse.

II

En relisant ce programme, après bientôt trente ans, j'y retrouve toute la pensée du *congrès,* dont elle renferme le principe profondément moral et civilisateur. Je m'enorgueillis de l'admirable application que l'Empereur en a faite dans son noble appel adressé à tous les souverains de l'Europe.

Je ne pourrais rien dire de plus ni de mieux, pour la justifier, que de reproduire le texte même du *programme* patronné par les trois grands gouvernements du Nord. C'est un devoir de reconnaissance dont je suis heureux de m'acquitter dans les circonstances si graves où l'Europe se trouve placée, et qui doivent en rendre l'exécution d'autant plus désirable, selon le vœu de l'Empereur.

PROGRAMME.

LA PAIX,

REVUE

UNIVERSELLE ET QUOTIDIENNE.

> « La civilisation a un grand pas à faire encore : c'est
> « que l'égoïsme national ne détermine plus la politique
> « des cabinets, mais que ce soient la justice et la mo-
> « rale. Celui qui aura contribué à ce noble but aura bien
> « mérité de l'humanité. »
>
> (Lettre du général de Pfuel.)

INTRODUCTION.

Nous empruntons ces belles paroles à une de ces hautes raisons dont s'honore l'Europe éclairée et civilisatrice : elles renferment tout un programme de sage et généreuse politique; elles embrassent tous les systèmes de perfectionnement moral et réel, qui trouvent leur principe dans le plus noble, le plus saint de tous les systèmes, le *christianisme*. Ce mot renferme tout : religion, sagesse, ordre, travail, prospérité, bonheur.

Jusqu'à présent, il n'a été fait que des tentatives plus ou moins heureuses pour élever la presse à la hauteur de sa mission : quelques-unes, droites et intelligentes, en principe, s'écartent trop souvent, dans l'application, du but qu'elles doivent se proposer.

Mais, tandis qu'elles travaillent, avec plus ou moins de succès, à réorganiser, par les efforts laborieux d'une rénovation puissante, la société ébranlée, le *philosophisme*, cette dégradation de la véritable philosophie, l'idéologie présomptueuse, qui fausse toutes les notions du vrai et du juste, qui vit de sophismes et d'abstractions; le *libéralisme*, en un mot, s'est élevé sur les ruines de la vérité, de la religion, de la justice : il a corrompu les institutions, altéré les traditions les plus justement vénérées, détruit l'esprit de famille, et s'efforce de constituer une société sans base, sans lien, sans foi, où la vanité, l'ambition, la cupidité, la haine, la violence, se disputeraient l'empire, et étoufferaient dans leurs luttes incessantes tous les sentiments généreux, en même temps que ces passions turbulentes s'opposeraient à toute organisation durable.

D'un autre côté, l'esprit caduc des traditions absolues et fanatiques s'est posé comme le champion de la religion et de la monarchie, tandis qu'en réalité il n'est que l'absurde et impuissant adversaire de toute idée grande et progressive. C'est ainsi que, depuis un demi-siècle, il lutte contre la société moderne, sans s'apercevoir que tout est changé autour de lui, et qu'il reste comme un anachronisme vivant au milieu d'un nouveau monde moral.

La France, principalement, a été le berceau et est devenue le foyer de la double lutte entre les idées vraiment libérales et ces doctrines d'erreur et de déception. Heureusement la force de sa nature et la raison de ses peuples ont fini par en triompher. Malgré tous les efforts du vieux libéralisme et du légitimisme, plus arriéré encore, pour ressaisir le gouvernement des esprits ; malgré leurs bruyantes jactances, chaque jour leur fait perdre de leur funeste ascendant sur les masses, qui s'éclairent de plus en plus par le sentiment de leurs véritables intérêts.

C'est à cette heureuse intelligence de ses besoins réels que la France doit d'avoir repoussé de nébuleux programmes, qu'on lui donnait, qu'on ne craint pas de lui donner encore pour système de perfectibilité et pour loi d'avenir, en même temps qu'elle renvoyait aux siècles d'ignorance et de fanatisme des traditions débiles et surannées.

Mais il ne suffit pas que cette grande rénovation soit irrévocablement accomplie ; il faut aussi que l'Europe le sache et le croie ; il faut que la France trouve l'Europe confiante et dégagée de toute crainte. Il faut plus : il faut que l'Europe soit complétement bienveillante, si elle veut que, de son côté, la France se dégage de

cet esprit d'antagonisme qui lui fait voir incessamment l'Europe
continentale coalisée contre ses institutions. Alors seulement la
paix sera définitivement assurée; alors seulement commencera
pour la grande famille des peuples cette ère d'ordre, de travail
progressif paisible, qui doit amener le monde au plus haut degré
de prospérité et de bien-être qu'il soit donné à l'humanité d'atteindre.

Voilà la haute pensée morale et chrétienne qui nous est apparue; qui est devenue le but unique de nos efforts et de notre
dévouement, à travers tous les genres d'obstacles et de sacrifices.
Dieu merci! nous avons fini par être compris de ces hautes intelligences à la recherche desquelles nous nous sommes livré partout où nous les avons pressenties; et le moment est venu où
nous pouvons réaliser le vaste plan de perfectionnement social
dont notre publication sera l'organe courageux et persévérant.

IDÉES GÉNÉRALES SUR LA NOUVELLE PUBLICATION.

Une des premières conditions de notre entreprise, la première
condition même, c'est l'*esprit d'universalité* qui doit présider à son
travail d'ordre et de conciliation générale; par conséquent, c'est
l'absence de tout sentiment de nationalité exclusive et jalouse.
Sans doute, la France a notre premier vœu comme notre premier amour; mais non la France de haine, d'irritation, d'ignorance, telle que les mauvaises passions s'efforcent de la faire et
de la représenter; au contraire, la France de bienveillance et de
fraternité, la France de sagesse et de lumières, en un mot, la
France de la civilisation.

Pour remplir cette condition fondamentale de notre programme,
il nous a fallu nous assurer par nous-même des dispositions dans
lesquelles nous trouverions les autres nations sur l'accomplissement de notre pensée, en même temps que nous nous appliquions
à étudier leurs institutions, pour en apprécier le mérite, et pouvoir les faire connaître à la France, où les plus fausses notions
sont journellement propagées, les mensonges les plus grossiers
audacieusement accrédités, les préjugés les plus funestes perni-

cieusement entretenus. C'est ainsi que, tour à tour, nous avons visité l'*Espagne*, la *Belgique*, la *Suisse*, l'*Allemagne*, l'*Autriche*, la *Russie*, la *Prusse*, nous proposant de compléter notre investigation européenne. Mais là où le temps ne nous a pas permis encore d'aller apprendre, afin de bien savoir, du moins nous avons pu fonder de solides et honorables relations, qui nous garantissent une entière adhésion à nos principes et un concours généreux à leur propagation.

C'est bien réellement une presse *européenne*, ou, pour mieux dire, *universelle*, que nous allons fonder, avec toutes les conditions qui doivent lui donner de la force et de la durée.

Ici se présentait une grave difficulté :

Quel serait le lieu le plus favorable pour accomplir une si importante entreprise?

Au premier aspect, il semble que Paris, seulement, puisse en être le siége. En effet, c'est de Paris qu'émane essentiellement la vie politique; toute la sollicitude de l'Europe se porte vers ce grand théâtre des scènes ardentes qui l'ont soumis à de si redoutables péripéties. Cependant, en approfondissant la question, on est amené à reconnaître qu'il faut à cette publication plus de recueillement que Paris, ce tourbillon dévorant, ne peut en permettre.

Là, matin et soir, une presse bavarde et querelleuse, qui vit de disputes et de mots irritants, se livre une guerre acharnée, et perd en vaines paroles le temps qu'elle devrait donner aux méditations, à l'examen consciencieux des grandes propositions organiques, économiques; aux productions supérieures de la science et des arts.

Nous avons trop éprouvé, par notre propre expérience, l'impossibilité de dominer tout ce bruit, et d'attirer l'attention vers une œuvre utile; et, disons-le avec sincérité et regret, nous-même nous avons payé notre tribut à cette guerre du matin (aujourjourd'hui, c'est matin et soir), à cette polémique passionnée et stérile, qui ne produit rien, et ne peut rien produire que la fatigue et le dégoût.

Nous n'allons pas jusqu'à dire que toute la presse française soit livrée à ce travail improductif : certes, elle renferme d'excellentes choses, et c'est ce qui nous fait vivement regretter de la voir détournée de cette voie de bonne et utile instruction, pour se livrer à des luttes sans profit pour la société, et qui, au contraire, n'ont pour résultat que de l'entretenir dans un état permanent d'émotion et de défiance.

Il nous a donc paru démontré qu'il n'y avait plus en France de publication possible, avec des chances de succès, jusqu'au jour où la presse, ayant accompli sa réforme par une révolution complète, sera rendue à sa véritable mission, celle d'éclairer les esprits, de les modérer, de les occuper du soin de leurs intérêts, au lieu de les surexciter par des prédications violentes.

Si donc Paris n'est pas le lieu favorable à une publication conçue dans un esprit d'harmonie et d'universalité, quel devrait en être le siége ? Notre attention a dû se porter vers un point central de l'Europe, qui permît à la publication de recevoir au plus tôt, et de tous côtés, des communications en rapport avec notre pensée internationale, en même temps qu'elle les réfléchirait dans toutes les directions.

Aix-la-Chapelle nous a paru remplir d'une manière parfaite toutes les conditions désirables. Placée sur les limites de la France, de la Prusse, de la Belgique ; voisine de la Hollande, de l'Angleterre ; point de transit pour toute l'Allemange et le nord de l'Europe ; importance comme grands souvenirs historiques : tout se réunit pour en faire le lieu de prédilection d'une publication européenne.

Mais la Prusse l'autoriserait-elle, la Prusse, que le mauvais libéralisme nous peint comme ennemie de toute lumière, de tout progrès ? Nous avons trop bien présumé de la sagesse et de l'esprit libéral de son Gouvernement pour ne pas tout en attendre, surtout lorsqu'il s'agit d'une œuvre d'ordre et de paix, au profit de l'Europe entière, et dont la Prusse serait la première à recueillir les fruits.

C'est avec un grand sentiment de joie et une sorte d'orgueil que nous pouvons annoncer l'heureux succès de nos démarches. L'hospitalité que nous avons demandée pour notre pensée de

rapprochement, de travail social régulier et modérateur, nous est
loyalement accordée. Grâce à elle, nous pourrons poursuivre
notre œuvre avec toute la liberté d'esprit que donnent le calme et
la méditation.

Partout elle trouvera de la faveur, car partout dominent aujourd'hui les idées d'ordre et de conservation. *Toute française* dans
un sens de grandeur et de civilisation, notre publication sera
généralement accueillie avec la sympathie qu'obtient tout ce qui
émane de la France, véritablement bon, utile, aimable, généreux.
De son côté, la France apprendra ce que vaut l'Europe, surtout
ce que vaut la Prusse, comme nation morale, religieuse, savante.
En un mot, ce sera un échange incessant de préceptes, d'exemples,
d'excitations au bien, à la gloire solide, celle qui fait l'honneur
et le bonheur des hommes.

Le titre de la publication en détermine clairement le caractère,
en même temps qu'il en fait connaître la périodicité : *ce sera un
livre encyclopédique et de tous les jours*. Il embrassera à la fois la *politique*, l'*économie*, la *morale*, la *religion*, les *sciences*, les *lettres*, les *arts*,
le *commerce*, l'*industrie*; noble et utile répertoire, où viendront tour
à tour s'enregistrer les œuvres de l'intelligence humaine, les phé-
nomènes du travail.

Nous ferons prochainement connaître d'une manière spéciale
l'économie et les conditions de la publication ; mais, d'avance,
nous ne craignons pas d'affirmer qu'elle sera digne de son objet.

La publication sera ouverte le 1ᵉʳ juillet prochain (1837).

III

Oui, l'heure est venue pour les peuples de se rapprocher
de plus en plus, pour apprendre à se mieux connaître, à
s'apprécier. C'est aux souverains qu'ils ont investis du plus
grand, du plus saint, mais aussi du plus redoutable pouvoir,
par la responsabilité qui y est attachée, c'est aux souverains

à donner l'exemple de cette fraternité toute chrétienne, qui aurait pour effet d'écarter de la grande famille européenne le fléau de la guerre, et de l'unir dans une solidarité de bien-être et de prospérité.

La Prusse, nation essentiellement morale, doit avoir à cœur, autant sinon plus que toute autre, de concourir à cette œuvre de concorde et d'affection mutuelle. — Son auguste monarque a pu se convaincre par lui-même que c'est le vœu le plus cher de notre généreux Empereur.

Ces deux puissants voisins doivent désormais abjurer tout sentiment de défiance et d'antagonisme. L'estime et la confiance les remplacent enfin; il ne dépendra pas de la France qu'aucun souvenir du passé ne vienne altérer cette heureuse harmonie entre elles.

CHAPITRE V.

La France et la Confédération germanique.

I

De toutes les relations internationales de la France, celle qui a joué, sinon le plus grand rôle, du moins le rôle le plus compliqué, est bien la Confédération germanique. Ce vaste corps politique, placé au centre de l'Europe et composé de tant d'éléments divers : empire (l'*Autriche*) ; royautés, en tête desquelles la *Prusse*, la *Bavière*, la *Saxe*, le *Wurtemberg*, le *Hanovre* ; duchés, parmi lesquels au premier rang le grand-duché de Bade ; ce vaste ensemble, par sa puissance

numérique de population (plus de *quarante millions d'âmes*),
n'a pu et ne peut que peser d'un grand poids dans la balance
de l'Europe, et, par cela même, avoir eu et avoir toujours
une influence considérable sur les événements qui s'y sont
accomplis et s'y accompliront encore.

Pour pouvoir apprécier l'alliance de la France, en contact
sur plusieurs points avec cette imposante agglomération, qui,
dans le langage historique moderne, s'appelle *Allemagne*,
il est donc indispensable de se rendre bien compte du
danger ou des avantages que cette alliance peut nous présenter dans le présent et l'avenir; et, comme moyen d'appréciation, de jeter un coup d'œil rapide et rétrospectif sur la
part qu'a prise l'Allemagne dans les guerres que la France
de la République et de l'Empire a eues à soutenir successivement contre les premières nations de l'Europe, et enfin
contre l'Europe entière.

II

L'histoire nous donne à ce sujet des enseignements qui ne
sauraient être perdus pour les deux puissantes voisines.
Coblentz pèse encore comme souvenir sur cette vaillante et
antique noblesse, que son dévouement au culte d'une monarchie dix fois séculaire arma contre sa propre patrie: extré-
mité cruelle, qui dut se faire profondément ressentir à
des cœurs français, et n'eut que trop de retentissement dans
la fidèle et courageuse Bretagne !

Mais ce n'était là que le prélude de cette lutte formidable
que la France eut à soutenir tour à tour contre l'Allemagne
(*Prusse, Autriche, Confédération germanique*); avec elle et

encore après elle, contre la Russie. *Marengo, Iéna, Austerlitz, Friedland, Wagram, Eylau, la Moskowa*, sont les noms qui ont immortalisé ces trop sanglantes annales de la gloire et de la conquête, comme *Moscou, la Bérézina, Dresde*, et enfin *Waterloo*, sont les noms qui ont leur immortalité aussi, par le retour inévitable et l'abandon de la fortune, en punition des excès de la force et de la domination

III

Jetons un voile de respectueuse douleur sur ces tristes contrastes, qui, s'ils nous rappellent nos trophées, et font encore vibrer tous les cœurs français, les affligent profondément par le souvenir des revers qui en furent la cruelle expiation. Que ce passé soit pour l'Europe, et particulièrement pour la France et l'Allemagne, un avertissement salutaire, et que cet avertissement devienne une grande mais aussi une sage résolution d'abjurer l'esprit de défiance, de jalousie, d'antagonisme, auquel la France n'a cessé d'être en butte depuis sa rénovation de 89, et surtout depuis le premier Empire.

De son côté, elle a donné l'exemple d'un autre genre d'abjuration à laquelle le nom de NAPOLÉON pouvait bien ne pas faire ajouter foi dans les premiers temps de sa réapparition, et de l'immense acclamation qui proclama le nouvel Empire.

Mais, depuis, que de preuves le digne héritier de ce nom et de sa gloire n'a-t-il pas données de sa profonde sagesse, de l'élévation, de la générosité de sa politique, de la parfaite loyauté de sa parole ! — Aussi, que voyons-nous ? Cette même Allemagne, par ses souverains les plus puissants, comme par ses autres chefs non moins révérés, s'est empressée de répondre, dans les termes les plus confiants, les plus affectueux même, à l'invocation si noble, si désintéressée, mais si affectueuse aussi (la confiance appelle la confiance, l'affection fait naître l'affection), par laquelle Napoléon III convie l'Europe à une ère de pacification universelle, de fraternité toute chrétienne.

Cette réponse unanime, quelles que puissent être les réserves qui l'accompagnent, non plus comme impliquant des prétentions injustes et un étroit égoïsme, cette réponse est seule un grand triomphe obtenu sur les souvenirs irritants, les sentiments haineux, l'injurieuse défiance, qui ont trop longtemps animé l'Allemagne contre la France, et que l'esprit de désordre et de violence s'efforce en vain d'y raviver encore.

IV

Non ! tout ce qui est dirigé par la raison, inspiré par un véritable patriotisme, ayant le sentiment de l'avenir (et c'est la grande majorité en Allemagne), apprécie à sa véritable, à sa haute valeur, une alliance sincère et cordiale avec la France. Par cela même qu'elle comprend l'Autriche, la Prusse et l'Allemagne tout entière, cette alliance est un sûr garant de celle de la Russie, contre laquelle se sont élevées tant de craintes qui doivent cesser d'être une cause d'alarmes pour l'Europe. Oui, voilà l'alliance vraiment *sainte*, car elle est le pacte le plus juste et le plus sûr de la paix. L'Angleterre elle-même s'y ralliera ; son honneur le veut, son intérêt surtout doit l'y déterminer, alors qu'elle verra toutes les puis-

sances continentales, sans en excepter la Turquie, se rallier
à cette sublime conception d'une confédération européenne,
fondée sur la justice, la modération, le désintéressement, et
animée de l'esprit de concorde et de charité chrétienne.

CHAPITRE VI.

La France et le Danemark.

I

Les relations de la France et du Danemark, leur influence
sur les événements dont la solution pacifique importe tant au
repos de l'Europe, devaient naturellement suivre l'appréciation de ces mêmes relations avec la Confédération germanique.

La question des duchés de *Schleswig-Holstein*, quoique
d'une gravité apparente, bien moindre en elle-même que
celle de la *Pologne*, de l'*Italie*, de la Grèce, est cependant de
nature à mériter la plus sérieuse attention, par les ardentes
passions qu'elle soulève en Allemagne contre le Danemark,
possesseur des deux duchés, et qui en défend la propriété à
titre de patrimoine ; cette question se rattache aussi au grand
principe et au droit général des *nationalités*. A ce point de
vue elle se place sur le même rang que celui des autres
peuples qui en réclament l'application.

En ce moment même, l'occupation des duchés, et particulièrement du *Holstein*, résolue par la Diète de Francfort, est
en voie d'exécution par l'armée fédérale, à la tête de

laquelle sont placées l'Autriche et la Prusse. De son côté, le Danemark se prépare courageusement à défendre cette partie du royaume, fût-il encore seul contre tous, comme en 1848 et 1849, mais, cette fois, avec l'appui fraternel et chevaleresque de la Suède, et tout au moins les sympathies de la France et de l'Angleterre, si même le traité de Londres, signé par l'*Autriche* et la *Prusse*, ne fait pas un devoir aux deux grandes puissances continentales, conjointement avec la Russie, d'intervenir pour en assurer l'exécution à l'égard de tous les contractants.

II

Dans cette situation extrême, il est du devoir de tout ami de la paix d'intervenir aussi par les voies de la raison, de la prudence, de la modération, dans ce conflit si redoutable par ses conséquences. A ce titre, nul n'est plus autorisé que le très-honorable baron Paul de Bourgoing, un des membres les plus expérimentés du Sénat, tant par la haute position qu'il a occupée dans le corps diplomatique, en Allemagne, en Russie, en Espagne et dans le Danemark même, pour faire entendre sa voix en faveur de ce peuple si loyal, si brave, dont il a pu apprécier les nobles vertus et la valeur, que par la profonde étude à laquelle il s'est livré sur cette question si irritante des duchés, qui se reproduit d'une manière intermittente, comme une *fièvre de nationalités*, et peut porter les parties contendantes aux derniers excès de son paroxysme.

Je suis heureux d'avoir conservé l'excellent travail publié en 1849 par M. de Bourgoing, et que je dois à ses sentiments d'amitié (1). Il porte pour titre : Les guerres d'idiome

(1) Cette *Étude*, si remarquable à tous les titres, fut éditée par *Dentu*.

ET DE NATIONALITÉ, *tableaux, esquisses et souvenirs d'histoire contemporaine;* et pour sous-titre : LA PACIFICATION DU DANEMARK.

C'est dans l'ouvrage même qu'il faut chercher la solution de cette nonvelle levée de boucliers de l'Allemagne contre le Danemark. Nous nous bornerons à en reproduire la *Conclusion,* dont la sagesse, la justice, répondent plus que jamais aux aspirations d'ordre et de paix qui sont le premier besoin des peuples, et sont la preuve la plus frappante de l'immense service que l'Empereur a rendu à l'Europe entière, représentée par ses souverains, en les conviant à se réunir, par eux-mêmes ou par leurs représentants, en CONGRÈS, comme en 1814 et 1815, pour compléter leur œuvre de conciliation, ou plutôt de *réconciliation générale*, en prenant en considération les modifications survenues, pendant ce long intervalle, dans les traités internationaux, pour les mettre en harmonie avec les progrès accomplis dans les rapports généraux et particuliers des nations entre elles.

CONCLUSION

DE M. PAUL DE BOURGOING.

CHAPITRE XXV.

Nous avons montré dans les précédents chapitres, en premier lieu :

1° Que la question, sous le point de vue de la proportion numérique à établir entre les populations allemandes ou danoises du Schleswig, est résolue en faveur des Danois ;

2° Que, quant à ce qui concerne la loi de succession, la descendance féminine des anciens rois de Danemark est apte à succéder dans le Schleswig ;

3° Que l'argument au moyen duquel les Allemands voudraient annuler ce droit, prétendant que, s'ils obtiennent le Holstein, ils doivent aussi obtenir le Schleswig, *qui ne peut en être séparé*, ne repose que sur l'interprétation de la déclaration d'un roi de Danemark, de 1460, qui aurait dit, d'après la version allemande :

« Si mes descendants ont le malheur de perdre le Holstein, je « veux absolument qu'ils perdent aussi le Schleswig » ;

Ce qui est évidemment une clause absurde, que ni roi ni particulier n'ont jamais insérée dans aucune disposition testamentaire ou un acte quelconque réglant les droits et les intérêts de leurs héritiers ; qu'il est contraire au bon sens d'invoquer le témoignage d'un roi de Danemark enseveli depuis quatre cents ans, et de prétendre qu'il se prononce contre les Danois et sa descendance directe, en faveur des Allemands et d'une famille étrangère ;

4° Que, quant à la question historique, nationale, ethnographique, philologique, devenue de nos jours si impérieuse et si absolue, ce serait vouloir se refuser à l'évidence que de ne pas reconnaître que le Schleswig est une terre *danoise*, portant dans ses appellations géographiques, et surtout dans l'existence de monuments antiques, de pierre et de terre, remontant à l'époque des luttes soutenues pour son indépendance, les preuves matérielles de son droit imprescriptible ;

Qu'en définitive, les rois de Danemark de la ligne masculine doivent conserver le Schleswig et le Holstein comme des duchés leur appartenant ;

Que le Holstein seul doit, comme par le passé, faire partie de la Confédération germanique ;

Qu'en cas d'extinction de la ligne féminine, aucune partie du Schleswig ne peut être détachée de la monarchie danoise, et doit continuer à être un duché en faisant partie ;

Que les questions de succession doivent, en tous cas, être réservées jusqu'à l'époque incertaine où il pourra être nécessaire de les régler.

Nous avons présenté, dans un cadre restreint, tous les arguments propres à éclairer sur tous ces points la concience

du monde politique. Au moment où les pensées de conciliation, de pacification et d'équité, prévalent d'un bout de l'Europe à l'autre , le peuple germanique lui–même se rendra à
une évidence de justice qui a déjà convaincu toutes les nations désintéressées.

CHAPITRE VII.

La France et la Suède.

I

J'ai interverti l'ordre indiqué dans le *sommaire*, au livre Ier,
sur les relations internationales de la France. La *Suède* y est
placée avant le *Danemark*. J'ai cru plus à propos de parler
d'abord du Danemark, par la liaison directe et étroite dans
laquelle sa position le place à l'égard de la Confédération
germanique, au sujet des duchés de *Schleswig-Holstein*: c'est
la préoccupation la plus vive actuelle, à cause de l'imminence
de la solution, et du danger qu'elle présente pour la paix de
l'Europe, si elle est poursuivie par la force des armes, au
lieu de l'être par les voies du droit et de la justice, dans un
esprit de conciliation.

J'ai produit, ou plutôt indiqué, à l'appui de ce système de
sagesse et de modération, la conclusion du travail si remarquable de M. le baron Paul de Bourgoing, sénateur, si bien
placé par sa haute position diplomatique pour éclairer cette
grave difficulté internationale ; c'est l'ouvrage même qu'il
faut lire, pour s'en bien rendre compte, et arriver à cette

même conclusion, que *les deux duchés appartiennent incontestablement au Danemark*, et que le *Holstein* seul peut rentrer, comme étant d'origine allemande, dans l'organisation de la Confédération germanique.

Ce serait une grande faute, de son côté, si elle entendait rester seule juge du litige, par conséquent être *juge et partie*, et décliner, par cette prétention absolue, l'intervention bienveillante, désintéressée et toute conciliatrice, du *Congrès*.

II

Ce serait plus qu'une faute, un acte profondément arbitraire : car, dans toutes les contestations, il faut un *tiers* pour les résoudre ou les concilier. En matière ordinaire, c'est aux tribunaux à juger, ou à des arbitres nommés par les parties, à titre de juges et d'amiables compositeurs.

En matière de *propriété nationale*, si deux nations la revendiquent comme y ayant seules droit, qui tranchera la question entre elles ? Si c'est par le droit du plus fort, c'est un abus du droit, comme oppression du faible ; et si cet abus est de nature à compromettre le repos des autres nations qui composent la grande famille européenne, il crée aussi pour elles un droit, qui devient un devoir : celui de s'interposer entre les parties contendantes, de les entendre dans leurs prétentions contraires, de les concilier, et, sur le refus de l'une d'elles, de prononcer amiablement sur le litige, sauf à défendre le plus faible, si la décision lui est favorable, contre le plus fort.

Mais c'est de l'*intervention*, dira-t-on, et que devient alors ce grand principe qui est la base du droit international, sur

lequel repose la société moderne civilisée? Expliquons-nous.
Oui, ce principe est fondamental, alors qu'il s'agit d'événements qui se produisent chez *un même peuple* et *entre nationaux*, comme la France n'en a offert que trop d'exemples
depuis sa révolution rénovatrice de 89. L'Europe a appris par
expérience ce qu'il lui en a coûté d'avoir violé ce principe,
et d'être intervenue en armes contre cet irrésistible élan imprimé à la nation tout entière par la magnifique solennité de
l'ouverture des États généraux.

Et lorsque, par une conséquence inévitable de cette même
exaltation chez un peuple aussi passionné, le but régénérateur fut énormément, odieusement dépassé par la plus sanglante des tyrannies, le règne exécrable du terrorisme,
l'intervention de l'Europe, intervention que ces crimes mêmes
n'autorisaient pas, mais auraient pu, du moins, faire excuser,
souleva plus ardemment encore la France dans toutes ses
classes, parce que le droit était pour elle.

III

L'Amérique du Nord, par la guerre la plus envenimée, la
plus cruelle, la plus désastreuse des temps modernes, guerre
fratricide! nous offre en ce moment, et depuis trop longtemps, le spectacle le plus douloureux, et dont l'Europe, on
peut dire le monde, souffre dans ses conséquences commer-
ciales, industrielles et financières. Certes, pour toute raison
que la passion n'aveugle pas, le droit est pour le *Sud*, contre
lequel le Nord exerce une oppression injuste, qu'il veut contraindre par la force à rester dans une *Union* qui lui est

profondément antipathique, par toutes les causes qui l'expliquent et la justifient.

Eh bien ! malgré tout l'intérêt que l'Europe, la France particulièrement, à l'exception de l'esprit de parti, éprouve pour le Sud, le principe de *non-intervention* est respecté entre les deux moitiés de *cette Union si mal assortie,* qui ne peut manquer d'être dissoute, à moins de la destruction complète du Sud et de son absorption par le Nord.

Nous le redirons donc, parce que le droit international le décide implicitement par voie de conséquence : par cela même qu'il consacre le principe de non-intervention alors qu'il s'agit de débats entre *nationaux,* ce droit cesse dès que le litige s'agite entre *deux nations.* Il n'appartient à aucune d'elles de s'en constituer le juge, de sa propre autorité; ce droit, qui devient un pouvoir, ne peut être attribué qu'à un tiers, ou à plusieurs formant un congrès, *à titre d'arbitres amiables et souverains* dans leur décision ; et si l'une des deux parties refuse d'accepter l'arbitrage invoqué par l'autre, et abuse de sa force contre elle, le droit des nations, qui forment la grande famille des peuples, leur est prescrit par les lois éternelles de la justice, indépendamment de l'intérêt qu'elles ont à maintenir entre elles l'œuvre de la paix : *leur intervention est un devoir.*

IV

Ces considérations étaient nécessaires pour bien apprécier le rôle que les puissances étrangères ont à remplir dans le litige, par la prétention qu'élève la Confédération germanique à *la propriété* des duchés de *Schleswig-Holstein*, tout au moins du HOLSTEIN, comme étant d'origine allemande, et, à ce titre, devant faire partie de la Confédération germanique. Au nombre de ces puissances, la SUÈDE a un intérêt plus direct que toute autre à éviter un conflit armé entre l'Allemagne tout entière, agissant par l'armée fédérale, et le Danemark. Si la cause n'est pas commune, les conséquences de cette exécution, à laquelle le Danemark a toujours résisté avec tant de fermeté et de bravoure, ces conséquences atteignent indirectement et très-sérieusement la Suède, en outre de l'amitié qui lie la Scandinavie dans son ensemble comme nation. La *Norwége* a conservé le souvenir de son union au Danemark, quoique faisant aujourd'hui partie de la Suède; à ce double titre, elle est profondément sympathique à cette cause, qui devient pour elle nationale.

La Suède, sous ses nouveaux rois, est toute *française* de cœur, et le Danemark, cet ami si dévoué de la France au jour même de ses revers, le Danemark a accepté comme la Suède, avec un égal empressement, une égale loyauté, le *Congrès*, cette généreuse conception de l'Empereur, à laquelle l'Europe entière a applaudi (l'Angleterre elle-même l'a qualifiée de *magnifique*).

Qu'il me soit permis de rappeler la lettre si flatteuse que je reçus de M. l'ambassadeur de Suède, comte de Lowenhielm, par laquelle il me transmettait celle de M. le comte de Lewenhaupt, secrétaire des commandements du roi, au moment où je méditais de donner au journal *la Paix* le caractère d'une publication internationale dont le siége serait à *Aix-la-Chapelle* (1).

_____

(1) Voir les lettres aux pièces justificatives.

Je conclus.

Non! l'Allemagne, à la tête de laquelle sont placées l'Autriche et la Prusse, qui ont un si grand intérêt au maintien de la paix, l'Allemagne ne se jettera pas en provocatrice dans ce conflit des duchés ; elle y rencontrerait d'abord le Danemark comme partie principale, la Suède et la Norwége, solidaires de l'honneur scandinave, en outre de leur propre intérêt.

La France, leur alliée toute cordiale et affectueuse ; l'Angleterre, par son alliance de famille avec le Danemark, ne tarderaient pas à prendre en main sa cause, qui deviendrait alors celle de l'Europe entière : ce serait *leur droit* et LEUR DEVOIR.

CHAPITRE VIII.

La France, la Belgique et la Hollande.

I

Je réunis dans une même appréciation les deux nations contiguës voisines de la France, et dont l'alliance lui est chère à tous les titres, surtout par leur parfaite loyauté dans leurs relations internationales.

C'est un bel exemple dans ces temps de trouble et de défiance ; il honore infiniment les augustes souverains et les gouvernements de ces deux peuples, dont on avait cru devoir confondre les nationalités dans le congrès de 1814, et plus étroitement encore dans celui de 1815, pour en former une barrière plus compacte contre la France.

Heureusement pour tous les deux, la force des événements a rompu violemment cette combinaison haineuse et mal assortie. Chacune des deux nationalités, rendue à elle-même, a su apprécier ce qu'elle valait séparément par sa propre valeur, et les avantages qu'elle recueillerait d'une alliance libre de toute dépendance. La France n'a pu qu'y gagner aussi par la bienveillance qui a succédé à la défiance qu'une politique jalouse s'efforçait d'entretenir contre elle.

II

Grâces soient rendues à ce Nestor des Rois, qui a su, à travers la lutte des partis, gouverner avec tant de sagesse, de modération et de dignité pour le trône, cette Belgique, destinée par sa position géographique, à toutes les époques de crise européenne, à devenir le champ de bataille des grandes guerres, et qui a su conserver après tant de vicissitudes cruelles et désastreuses sa nationalité et son activité si féconde !

Qu'on veuille bien encore m'excuser si je parle de moi ; mais je ne saurais exprimer trop de reconnaissance pour les noms éminents placés à la tête du pouvoir ou des grandes institutions financières et industrielles, qui font de la Belgique le pays le plus libéralement gouverné, le plus habilement administré, sans comparaison avec tout autre.

Je parle de l'époque à laquelle j'allai étudier, à deux reprises, en 1835 et 1837, ces institutions gouvernementales et économiques, véritablement modèles. Les illustrations politiques d'alors ont trouvé de dignes successeurs, qui ont im-

primé à tous les genres de travaux et de production une
puissante et fructueuse impulsion.

Il faut placer à la tête de ces dernières la *Société générale*,
dirigée, ou plutôt *gouvernée* avec une grande libéralité et
un esprit sagement progressif, guidé par une profonde expérience (j'ai nommé M. *le comte* FERDINAND DE MÉEUS).

Après elle, et à côté d'elle, la société fondée pour favoriser
l'industrie nationale, dont la haute direction fut confiée à
M. le baron Coghen, a été la digne émule de sa puissante
devancière.

La banque dite *de Belgique*, constituée dans le même
temps, rivalisa de zèle, et concourut pour sa part à la merveilleuse prospérité de cette nation si laborieuse, sous la vive
intelligence de M. Charles de Broukère, son directeur, frère
du très-habile ministre, l'un des chefs les plus fermes du
parti sagement libéral.

La propriété foncière, cette première richesse des peuples,
et qui est aussi une grande industrie au point de perfection
où elle a été poussée, trouva, dans des sociétés spéciales fondées sur de larges bases, de puissants auxiliaires pour la seconder et en favoriser le développement productif.

Je me complais à rappeler cette étude de notre toute
proche voisine, non, certes, dans la pensée antipatriotique
de rabaisser notre bien chère et noble France, privilégiée
entre toutes les nations par tant de dons et de biens que le
Ciel lui a prodigués : sol prodigieusement fertile, climat tem-
péré, situation topographique supérieure même à celle de
l'Espagne par son contact avec trois mers ; peuple ardent, ·
généreux, brave jusqu'à la dernière témérité; toutes les
grandes vertus, mais, par cela même, les grands excès. Ainsi,

imagination, esprit, sciences, lettres, beaux-arts, théâtres, civilisation charmante, monuments grandioses et splendides, sans rivaux dans l'Europe moderne ; tout ce qui fait la richesse, la prospérité, le bonheur, la gloire des peuples ! Oui ! voilà notre France, qui n'aspire plus qu'à être aimée de tous, la France du nouvel Empire.

Que la Belgique, sous le sceptre du plus sage des rois, dont l'auguste héritier suivra religieusement les traditions, libérales à la fois et conservatrices, soit donc la bienvenue dans cet aréopage majestueux et tutélaire, composé des plus hautes, des plus illustres têtes.

Que la Hollande, sa sœur par le voisinage et la communauté d'intérêts, comme aussi par l'élévation de pensée et de cœur de son souverain aimé et révéré ; que la Hollande, dont l'histoire est si belle, si grande en faits glorieux, alors qu'elle dominait le commerce du monde, et qui, si elle n'aspire plus à reconquérir cette suprématie, sait y obtenir la large part due à son génie mercantile et à son excellente organisation maritime ; que la Hollande, enfin, s'associe à la Belgique et à la France pour concourir fraternellement à l'œuvre de pacification générale adressée à tous par Napoléon III ! C'est un rôle digne d'elles, qu'elles ont spontanément, loyalement accepté.

Ce noble exemple ne sera pas perdu ; il exercera sur la réalisation du Congrès *général* ou *partiel* et sur ses heureuses conséquences une influence à laquelle se sont aussi empressés de se rallier, tout au moins de pensée et d'expression, les divers Gouvernements de l'Europe, à l'exception de l'Angleterre, qui, nous l'espérons encore, n'a pas dit son dernier mot,

CHAPITRE IX.

La France et la Suisse.

I

L'étude des relations internationales entre la *France* et la *Suisse* présente un vif intérêt, au moment où tant de graves questions à résoudre préoccupent si légitimement l'Europe. La Suisse, par sa configuration topographique, confine à la France, à l'Italie, à l'Autriche par le Tyrol, et presque à la Prusse et à la Belgique par le Rhin. Aussi, à toutes les époques de perturbation générale, elle a été liée aux grands événements qui s'accomplissaient, soit comme partie active, soit comme théâtre des guerres dont ils étaient les précurseurs et les causes.

Sans remonter au delà de notre première République (la seconde n'en a été qu'une contrefaçon singulièrement adoucie, à l'exception des sanglantes journées de juin), et, après la République, le premier Empire, nous trouvons la France toujours occupée de régler ses rapports avec la Suisse, pour mettre ses institutions, autant que possible, en bonne harmonie avec les nôtres, si dissemblables, afin de maintenir cette même harmonie entre les deux pays.

La République française, *une et indivisible*, qui avait fait table rase des institutions monarchiques, politiques, administratives et sociales, après avoir envahi l'ancienne Helvétie, l'avoir baptisée d'abord de *République cisalpine*, et, peu après, de République *une et indivisible,* compléta sa réorganisation radicale par la création d'un pouvoir central dont le siége était alternativement établi dans les principaux cantons, et le chef, sous le titre de *landamann,* avait dans ses attributions la direction des affaires générales du pays et les rapports avec les puissances étrangères. Les intérêts communs de la Confédération étaient discutés dans *une diète* annuelle, assemblée tour à tour dans ces mêmes cantons. Cette organisation très-sage, dont les principaux éléments ont été conservés après avoir subi de profondes atteintes, fut proclamée *le 19 février* 1808, sous le titre d'*acte de médiation :* elle était due à l'Empire.

II

Mais la France était appelée à de nouvelles épreuves, qui devaient entraîner la Suisse dans ses propres revers. La chute de l'Empire fut aussi la fin de *l'acte de médiation.* Après de longues incertitudes, les conditions nouvelles de l'organisation politique de la Suisse furent réglées par le traité de Vienne, *le 20 mars* 1815. L'intégrité des *dix-neuf cantons* existants fut maintenue, et trois autres cantons leur furent adjoints : *Genève, Neufchâtel* et *le Valais.* Ainsi, la Confédération compta *vingt-deux cantons.*

Une grande péripétie survint encore. La Révolution française, que l'Empire et la Restauration n'avaient pu clore, venait de se manifester de nouveau dans toute sa puissance. Trois jours suffirent pour la faire triompher. Elle en prit le titre (27, 28 et 29 *juillet* 1830) : cet événement immense remit tout en question, non-seulement en France, mais dans l'Europe entière. La Suisse, une des premières, devait en ressentir les atteintes.

Grâce à sa sagesse, la France sut, cette fois encore, se préserver d'un bouleversement terrible, qui eût détruit l'œuvre d'un demi-siècle d'efforts, de douleurs, de sacrifices, mais aussi de prospérité et de gloire,

Depuis cette époque, plusieurs cantons ont modifié leur organisation intérieure. Ce mouvement de réforme a commencé dans la Suisse *italienne*, et s'est étendu à la Suisse *allemande* et *française*. Cependant le pacte fédéral est resté debout ; c'est une honorable épreuve qui en démontre la solidité.

III

Mais l'élément révolutionnaire, remis en fermentation par l'explosion de 1830, était resté en état de travail latent, s'infiltrant avec une ardeur croissante dans l'institution politique des cantons les plus influents, non pour la détruire, mais pour y dominer par cet autre élément qu'on nomme le *radicalisme*. Les effets s'en firent ressentir progressivement, avec une tendance de plus en plus significative et hostile contre la France.

Plus le Gouvernement de Suisse employait d'efforts pour le comprimer et en prévenir les projets subversifs, plus par cette compression même, qui les avait fait avorter en 1831-32, et surtout en 1834, à Lyon, où les deux ferments inflammables réunis avaient leur principal foyer, dont l'ardeur se communiquait à la Suisse, plus elle en fut envahie par suite de l'énergique répression de la France, qui n'aboutit qu'à le déplacer.

La préoccupation que le Gouvernement français en conçut fut telle, qu'en 1836 M. Thiers, ministre des affaires étrangères, et en qualité de président du cabinet nommé du *six février*, réclama de la Diète l'éloignement des réfugiés dans l'intérieur de la Suisse, sur ce motif que leur réunion sur la frontière était un danger permanent pour la tranquillité de la France et de la Suisse elle-même.

Cette réclamation, de plus en plus instante, fut poussée jusqu'à demander l'expulsion des chefs les plus exaltés et les plus dangereux. Cette demande trop légitime n'ayant pas été satisfaite, une mesure énergique fut résolue par le Gouvernement français, mesure extrême qui fut qualifiée alors de *blocus hermetique* de la Suisse.

IV

Le cabinet qui succéda à celui de M. Thiers, dont la durée fut courte (*de février à septembre* 1835), ce nouveau cabinet, présidé par M. le comte Molé, dut prendre la suite de cette situation comminatoire, qui s'aggrava d'une offense outrageante faite à la France dans une séance très-violente de la Diète, où, par une exaltation portée jusqu'au dernier excès, la conduite de notre ambassadeur fut traitée d'*infâme*. Cet outrage exigeait une réparation prompte et complète, non par les armes (la France n'abuse pas de sa force), mais par la Diète rendue à elle-même, et ramenée, par la raison, la justice, la reconnaissance, à la rétractation de toute pensée blessante pour la France, dans la personne de son noble et digne représentant, M. le comte de Montebello.

A Dieu ne plaise que j'aie poussé la présomption jusqu'à me

poser en arbitre dans ce grave litige politique international.
Le seul rôle que je puisse me permettre de rappeler, c'est la
part très-active que je pris, dans le journal la *Paix*, en ma
qualité de rédacteur en chef, aux discussions auxquelles se
livra la presse tout entière des deux pays, pour y faire prévaloir, sur les excitations les plus vives des partis extrêmes,
les pensées de conciliation, les règles du droit des gens et
de la justice, tout en maintenant l'honneur et la dignité de
la France.

Les relations que j'avais été heureux de former, dans ma
première exploration politique, à *Genève*, parmi les noms les
plus éminents de l'opinion conservatrice et libérale, au nombre desquels M. Eynard, le généreux philhellène, et à *Lau-
sanne*, dans la personne de M. le professeur *Monard*, un des
esprits les plus élevés et d'un ardent patriotisme ; ces relations me servirent beaucoup dans mon intervention officieuse,
complétement indépendante, par l'organe public qui s'inspirait du titre dont je défendais énergiquement le principe, par
ma profonde conviction que la *paix* est le premier besoin des
peuples, et que, seule, elle peut donner la véritable liberté.

Je m'honorerai toujours de ce rôle et de la faible influence
qu'il put avoir sur la solution favorable de ce différend entre
deux peuples si bien faits pour s'estimer et vivre en bons
frères, pour leur intérêt et leur bonheur communs.

V

Mais il était écrit dans leurs destins qu'une dernière
épreuve les attendait, plus redoutable encore que la Révolution de 1830 : c'est l'explosion foudroyante de 1848, qui

renversa dans un instant la nouvelle dynastie, si riche d'avenir dans ses nombreux et vaillants rejetons. Respectons les profonds décrets de la Providence. N'oublions pas la période de bonne harmonie de la France avec l'Europe, de ferme et sage administration intérieure, qui favorisa cette ère de travail paisible auquel le pays dut le prodigieux accroissement de la fortune publique et privée, sa prospérité et son bien-être.

Tous ces biens furent au moment d'être perdus par la lutte ardente entre les mêmes éléments subversifs de toute société régulière, et qui se combinent toujours des révolutionnaires de passion et de violence, et des révolutionnaires de principe, républicains de sentiments et de vision, que Napoléon qualifiait d'*idéologues*. Entre ces deux éléments se jetait le *communisme*, cette secte de rêveurs aussi, dont le dogme met en mouvement les plus mauvais instincts des masses qu'ils égarent.

On conçoit que cette lutte, qui faillit devenir mortelle pour la civilisation tout entière, si ce dogme des temps de barbarie l'eût emporté, dut avoir un grand retentissement en Europe, et plus particulièrement en Suisse, où se retrouvaient une partie de ses plus ardents sectateurs. Cependant, disons-le en l'honneur de notre loyale voisine, elle put en maîtriser les projets anarchiques, et, par là, seconder les efforts généreux des chefs du grand parti de l'ordre et de la conservation, qui s'étaient dévoués au triomphe de ces principes fondamentaux, indépendamment de la forme des institutions, monarchie ou république. (J'ai nommé M. de Lamartine, l'expression la plus noble de la métaphysique sociale appliquée à l'humanité; le général Cavaignac, type du vrai et de l'honnête républicanisme.)

8

Rendons-leur cette justice à tous deux : s'ils ont été déçus dans leurs rêves platoniques, dont le réveil fut une lutte sanglante et fratricide, ils se dévouèrent à en conjurer les terribles conséquences, qu'ils n'avaient pas su prévoir.

VI

Je me suis laissé entraîner par l'importance du sujet qui se rattache à nos relations avec la Suisse, cette République modèle, quatre à cinq fois séculaire, qui contraste avec notre antique et nouvelle monarchie, appelée, malgré ce contraste, et peut-être même à cause de ce contraste, à vivre avec elle dans la meilleure intelligence.

Je n'ai plus qu'à dire, comme conclusion, que cette bonne harmonie, si utile aux deux nations, n'a pas été et ne sera pas sérieusement troublée, malgré quelques légers froissements, occasionnés par les réminiscences radicales restées hostiles à la France, et qui dominent dans le canton le plus immédiatement contigu ; réminiscences qu'a ravivées notre nouvel et glorieux Empire, surtout depuis l'annexion de Nice et de la Savoie à la France. J'en félicite du fond du cœur les deux pays.

CHAPITRE X.

La France et l'Italie.

I

De toutes les appréciations des relations internationales de la France, celle qui présente le plus de difficulté, et qui réclame le plus d'indépendance de pensée et de convenance d'expression, est, sans aucun doute, celle de l'*Italie*. Je proteste d'avance contre toute interprétation qui aurait l'apparence d'une prévention irréfléchie, injuste et blessante, même envers les partis les plus avancés, représentés par leurs chefs, à plus forte raison pour le grand parti conservateur et libéral, personnifié par l'auguste et vaillant souverain que s'est donné l'Italie, allié à notre famille impériale.

Après cette réserve expresse, j'entre en matière.

II

Pour se faire une juste idée de l'immense changement qui s'est opéré en Italie (on pourrait le qualifier de révolution dans le sens le plus large et le plus patriotique du mot), il faut remonter aux trop célèbres traités de 1814 et 1815, qui réglèrent d'une manière générale et particulière à l'égard des diverses nations l'organisation politique de l'Europe, en vue d'en rétablir et fortifier l'équilibre.

Nous ne savons que trop aussi la part qui y fut faite à la France; c'est là un des motifs pour lesquels les principales parties *prenantes*, l'Angleterre entre autres, se rattachent si fort aujourd'hui à ces traités, et surtout au dernier, dont le nom est sans cesse invoqué comme la base du nouveau droit européen.

Sans doute les événements ont été plus forts que les heureux copartageants, qui ont dû accepter ou subir les atteintes portées à ce droit sur plusieurs points de l'Europe: ainsi en *Belgique*, en *Grèce*, en *Turquie*, en *Espagne*, en *Portugal*; mais enfin, quelque profondes que fussent ces atteintes là où elles s'accomplissaient, elles n'ont pas modifié d'une manière trop sensible le force même des traités, surtout pour l'Autriche, dont la domination s'étendait sur toute l'Italie, sinon de fait par une occupation totale, du moins par son ascendant moral, appuyé d'une force militaire irrésistible, tant que la France ne s'est pas posée en face d'elle pour en surveiller l'ambition, et l'arrêter à un jour donné.

III

L'occupation hardie et inattendue d'*Ancône*, résolue par l'illustre Casimir Périer, et exécutée avec une énergie que l'Autriche n'attendait pas alors de la France, a été le point de départ du réveil de son honneur et de son droit, à elle, de ne pas laisser s'accomplir l'absorption de cette magnifique Péninsule jusqu'aux Alpes maritimes, pour descendre encore de leur cime dans nos départements méridionaux, à la première coalition qui se formerait contre nous.

De cet observatoire, les successeurs des héros de *Marengo*

braquaient leur télescope sur Rome et ses provinces occupées par l'Autriche, et, au premier signal donné par eux à leurs frères de France, tous seraient accourus, comme aux grands jours du Consulat et de l'Empire, pour en renouveler les prodiges de valeur et de patriotisme.

L'évacuation des Romagnes par l'Autriche fut le résultat pacifique de l'occupation d'Ancône, qui n'eut plus alors sa raison d'être ; l'effet en était produit.

IV

La révolution de février, si inattendue et si menaçante pour le repos de l'Europe, la frappa de stupeur et d'effroi, par cela même qu'elle était imprévue. L'établissement de la République lui apparut comme un rêve, ou plutôt un cauchemar, que dissipèrent les harmonieux programmes du plus illustre comme du plus noble des architectes de cette nouvelle *Tour de Babel*, destinée à entendre toutes les langues politiques, et à périr par leur confusion.

Mais le retentissement de cette transformation fantastique de notre France monarchique en *République démocratique et sociale* (quel assemblage redondant d'idées et de mots !), ce retentissement fut tel, que les trônes qui semblaient les plus solides en furent ébranlés. Berlin et Vienne virent leurs puissants dominateurs en partir, pour ne pas laisser avilir le trône, et le mettre à l'abri de l'ouragan populaire.

En Italie, où, par un contraste admirable de sagesse, trop indignement récompensé, le successeur généreux de saint Pierre proclamait les sublimes principes de fraternité chrétienne, Rome, ingrate et révolutionnaire, envahissait la basilique et en chassait l'auguste pontife. Honneur à la France républicaine de forme, mais toujours la France des nobles élans! c'est par elle que Rome fut délivrée d'une oppression sacrilége, et que le chef révéré de la chrétienté lui fut rendu. C'est par elle encore qu'il est défendu contre toute atteinte portée à son pouvoir sacré ; présente ou absente, la France veillera toujours sur lui.

V

Mais Rome n'est pas seulement la ville éternelle sous le rapport religieux, c'est le centre de cette Italie qui subit la plus redoutable des épreuves, celle d'une rénovation complète de son organisation nationale depuis l'avénement du christianisme. Cette transformation, qui devrait être l'œuvre des siècles, s'est opérée en quelque sorte en un jour, par l'intervention de la France en faveur du Piémont, la seule partie de l'Italie sur laquelle l'Autriche n'eût pu étendre encore sa domination. C'était pour la France un devoir d'honneur et de conservation. *Ancône* avait été le prélude de cette mission préventive, et qui devenait une loi de patriotisme ; *Rome* la rendait plus impérative encore. *Solferino* en a été la glorieuse conséquence, le très-prévoyant accomplissement, comme les traités de paix de *Villafranca* et de *Zurich* en sont le couronnement généreux.

Ici ma tâche d'appréciation devient d'une extrême délicatesse ; mais je ne faillirai pas à l'indépendance de pensée et à la mesure d'expression qu'elle commande.

VI

Je le déclare dans toute la force de ma conviction, la fidèle exécution de ces traités de pacification de l'Italie, de celui de *Zurich*, qui complétait le premier et auquel avait concouru le roi Victor-Emmanuel, cette exécution eût prévenu et heureusement résolu les difficultés si graves, insolubles peut-être, qu'entraîne l'*unité de l'Italie*, telle que la conçoivent ses ardents promoteurs, sans se préoccuper des souvenirs si vivants encore de chacune des nationalités qui la composent, de leur histoire, *nationale* aussi, de leurs mœurs si diverses, de leur caractère si divers aussi et si opposé, pour ne pas dire antipathique l'un à l'autre.

C'est, à mon sens, une grande faute commise, que cette précipitation à vouloir les constituer en *unité*, qui ne peut être que l'œuvre du temps, comme par une simple opération chimique, en les fondant dans le même creuset.

Voyez la France! Que d'efforts, de guerres sanglantes, de douloureux sacrifices, pour vaincre les résistances des nationalités si nombreuses, et si diverses aussi, qui la constituent en ce tout admirable envié par l'Europe! Il a fallu des siècles pour l'accomplir. Et c'est ce travail de rénovation totale et de fusion que l'Italie veut accomplir en un jour!

VII

Combien la pensée qui a inspiré la France et l'Autriche dans leur rapprochement, je pourrais dire leur réconciliation, était plus sage, plus conciliatrice, plus favorable à tous les intérêts, à ceux du Piémont surtout, à qui l'intervention de la France valait l'éloignement de l'Autriche jusqu'à l'Adriatique; la possession de cette belle et riche *Lombardie*, à titre, désormais acquis, de patrimoine; et, en perspective trop impatiemment poursuivie et réalisée, l'annexion de ces duchés non moins beaux, non moins riches, de *Toscane*, de *Parme* et *Plaisance*, de *Modène !* N'était-ce pas déjà un magnifique résultat obtenu, et qui eût dû suffire à la plus vaste ambition ? La fédération paisible de l'Italie, qui en serait aussi l'*unité*, en eût été l'heureuse conséquence.

VIII

Je me plais à penser, dans ma respectueuse appréciation des événements qui se sont si rapidement accomplis, contrairement aux stipulations des traités, dont cette fédération devenait la base fondamentale, que l'entraînement auquel le Piémont a cédé par la pression, alors irrésistible, de l'ardent parti de l'*action*, doit être pris en grande considération pour expliquer l'abandon qu'il a fait de ses propres engagements, en opposition desquels il a accepté le programme de l'*unité de l'Italie* avec *Rome* et *Venise*.

De là l'envahissement des Romagnes, des Marches et de l'Ombrie; de là le soulèvement de la Sicile, dont celui de Naples n'a été que la conséquence; de là l'annexion de ce double, splendide et fertile royaume, livré par la défection au Piémont, peu satisfait de l'assimiliation déjà accomplie des duchés.

Il est si vrai que c'est le Piémont qui a achevé l'œuvre

d'envahissement de Garibaldi dans les Deux-Siciles, que, sans le secours de l'armée et de la marine, Ferdinand II, retranché à Gaëte, fût rentré à Naples. Il est difficile de prévoir quelles eussent été les conséquences de ce retour. Tout cela est de l'histoire. C'est elle qui, dans sa calme équité, apprécie les faits, alors que le temps les a dégagés des passions contemporaines.

IX

Telle est aujourd'hui la situation de l'Italie, presque entière sous le sceptre glorieux de Victor-Emmanuel. La France n'a rien perdu de sa sympathie pour cette belle partie de l'Europe, livrée maintenant à elle-même, à l'exception de Venise, comme de son respect pour le vaillant frère d'armes de l'Empereur. Cette situation, très-complexe par elle-même, peut être encore heureusement résolue, suivant la politique qu'adoptera le Gouvernement du roi d'Italie.

S'il cède de nouveau à la pression que le parti d'action se prépare à exercer sur lui, ce sera certainement à ses risques et périls : la France ne saurait en être solidaire.

Que si, au contraire, ce Gouvernement, qui a pu s'affirmer dans l'intervalle de paix dû à la sagesse, à la modération du nôtre, et a éprouvé, par l'énergique répression de la levée de boucliers d'*Aspremonte*, combien peu le parti de l'action est redoutable par lui-même et perd de son prestige dès qu'on l'aborde résolûment, tout est à espérer pour une solution amiable de l'organisation de l'Italie *nouvelle*, avec les modifications que réclament la justice, la prudence, le ménagement des mœurs, des intérêts, enfin la considération politique : toutes choses qui, seules, peuvent en affermir le présent et en préparer le grand avenir.

CHAPITRE XI.

La France, l'Espagne et le Portugal

L'Espagne.

I

Voici une autre péninsule, non moins intéressante que l'Italie à apprécier dans ses rapports avec la France. J'avoue hautement ma prédilection pour l'Espagne, que j'ai appris à si bien connaître, et où j'ai été si cordialement accueilli, je pourrais dire gâté par les bontés dont m'ont comblé les plus grands noms, et jusqu'à la reine-mère elle-même, pendant la première jeunesse de sa fille bien-aimée, la reine Isabelle.

C'est en Espagne que j'ai pu étudier aussi les causes de la jalousie de l'Angleterre envers la France, unies en apparence pour faire prévaloir le régime constitutionnel, personnifié en la reine-mère, veuve du roi Ferdinand, contre l'absolutisme, représenté par la royauté déchue dans la personne de don Carlos.

II

Au moment où j'entrai en Espagne, le traité dit de *la quadruple alliance* était en pleine exécution. D'une part, l'Espagne et le Portugal, dont la cause était commune par l'avénement de leur nouvelle dynastie en présence des familles royales déchues ; d'autre part, la France et l'Angleterre, comme auxiliaires des deux jeunes royautés.

Chose regrettable à dire dans cette fraternité d'armes ! même entre les deux puissantes alliées, la politique anglaise était loin d'apporter un désintéressement égal à celui de la France ; elle pesait sur le gouvernement de Madrid et de Lisbonne pour en obtenir des avantages par des traités de commerce. Cette pression n'a pas été étrangère aux insurrections redoutables qui éclataient en Catalogne, dans l'Aragon, à Valence, et qui donnaient tant d'aliment au carlisme, si vaillamment défendu par ses chefs les plus éminents, *Mina, Cabrera, Tristany* et tant d'autres non moins braves et audacieux.

III

La même divergence politique se manifestait dans les rapports diplomatiques des deux nations, l'une généreuse et désintéressée (trop peut-être), l'autre trop égoïste et avantageuse pour elle. Que de lances ou plutôt *de plumes* n'ai-je pas rompues avec la presse anglaise, et particulièrement avec le *Times*, qui a des rédacteurs à poste fixe dans toutes les capitales (1) !

(1) A ce sujet, je ne puis m'empêcher de rappeler un épisode qui en a fait un des plus beaux, des plus heureux jours de ma vie politique.

J'avais été représenté par les journaux ultralibéraux, tous exaltant l'Angleterre aux dépens de la France, comme un missionnaire que les chefs de la *doctrine* envoyaient en Espagne pour la convertir à leur système de gouvernement. J'arrivai donc à Madrid sous le coup de cette impression, que le parti anglais dominant en Espagne, sous le ministère de Mendizabal, ne manqua pas de propager, et auquel le *Times*, de son côté, donna sa sanction.

J'étais parti avec M. *Garcias*, député des Pyrénées-Orientales, avec qui j'avais des rapports d'amitié, et qui comptait à Madrid de nombreux amis.

Ainsi, tandis que je m'efforçais de démontrer que l'alliance des deux nations devait se produire d'une manière directe,

Mon premier soin fut de m'adresser à la presse espagnole de toute opinion, pour en réclamer l'hospitalité, en ma qualité de rédacteur en chef du *Moniteur du commerce*. J'en reçus l'accueil le plus bienveillant.

Cette impression favorable se répandit bientôt à Madrid, et fut d'autant plus flatteuse pour moi, qu'elle me valut une invitation, avec mon honorable compatriote, M. Garcias, à un banquet patriotique, organisé par un membre de la chambre des procuradores, écrivain politique distingué, M. *Ruffino Carasco*, beau-frère de M. *Donoso-Cortès*, qui a été depuis ambassadeur d'Espagne à Paris.

Je retrouve le récit de ce banquet, dont le souvenir m'est si cher encore, dans la collection du *Moniteur du commerce*, et je cède au plaisir de le reproduire, à bientôt trente ans de distance. J'ose espérer qu'on y trouvera quelque intérêt.

LETTRES SUR L'ESPAGNE.

UN BANQUET PATRIOTIQUE A MADRID.

Hier a eu lieu à l'hôtel de Geniès un grand banquet auquel assistaient les principaux membres de l'opinion libérale. C'est M. Ruffino-Carasco, un des honorables procuradores, qui, m'ayant invité avec M. Garcias, avait réuni à ce sujet un nombre de ses plus dignes amis. L'assemblée était composée de la manière suivante :

MM. Isturiz, président des procuradores ; Gonzalès, vice-président ; Arguellès, Alcala Galiano, Ferrer, Calderon-Collantès, Ruffino-Carasco, le célèbre comte de Las Navas ; Onis, secrétaire de l'estamento ; Sanchez-Toscano. Voilà tous les procuradores que ma mémoire me rappelle. Parmi les autres convives hautement honorables, je citerai M. Quintana, procer, l'un des premiers littérateurs, le premier peut-être de l'Espagne moderne, et l'un des doyens de l'opinion libérale ; les deux Calatrava, nom auquel se rattachent aussi de fort nobles souvenirs ; le général Piquero-

par cela même plus efficace et plus digne d'elles, au lieu de
l'appui indirect et insuffisant d'une simple légion étrangère,

Arguellès; MM. Aguilar, conseiller d'État; Ortigoza; Donoso-
Cortès, beau-frère de M. Ruffino-Carasco, jeune écrivain politique
et qui vient de se signaler par une publication pleine de pensées
et de vues élevées sur la loi électorale : c'est ici le sujet à l'ordre
du jour. Il faudrait vous nommer tous les membres de la réunion,
qui jouissent, chacun à des titres divers, de la considération publique.

Les toasts ont été ouverts par M. Ruffino-Carasco, qui, au nom
de ses compatriotes, a renouvelé auprès de M. Garcias l'expression
de leur gratitude pour la franche hospitalité qu'ils en avaient reçue en France, aux jours des réactions politiques. Il était naturel
que M. Garcias répondît par l'effusion de ses sentiments à cet appel fait à ses souvenirs.

Le champ politique n'a pas tardé à être ouvert. Ce que je viens
de dire n'est que le prélude nécessaire de la grande question sociale soulevée au milieu de cette réunion d'esprits généreux qui
en cherchent la solution.

Je crois avoir provoqué la vive expression des sentiments politiques qui caractérisent personnellement les divers membres du
banquet en portant le toast suivant :

« A l'Espagne constitutionnelle! A l'union ferme et constante
« des bons et loyaux Espagnols! Cette union seule peut produire
« l'affermissement de la monarchie représentative, le développe-
« ment progressif et régulier des libertés publiques, et donner
« une juste satisfaction aux intérêts moraux et matériels du
« pays. »

C'est M. de Las Navas qui s'est empressé de saisir cette occasion
de faire des vœux pour que la liberté des peuples fût une vérité.
Il a parfaitement raison; il n'y a qu'à s'accorder sur ce qu'il faut
entendre par liberté. M. de Las Navas lui-même ne prétend pas
que la liberté puisse être l'anarchie.

C'est M. Alcala Galiano qui s'est chargé plus particulièrement
de me répondre. Dans une improvisation pleine de pensées géné-

quoique commandée par un brave général français , la presse
anglaise s'opposait à cette intervention collective, qui eût épar-

reuses, le brillant orateur a embrassé la cause sociale tout entière;
il a formé le vœu philanthropique de voir toutes les nations se confondre dans le même sentiment de justice et d'humanité.

M. Gonzalès, s'emparant du noble vœu, a parlé du traité de la
quadruple alliance comme d'un acte de haute politique, qui devait exercer sur la régénération de l'Espagne, et, par elle, sur
l'avenir social de l'Europe, la plus heureuse influence.

Je ne pouvais laisser parler de ce traité, dont l'exécution a été
le sujet de préventions si injustes et si peu réfléchies contre la
France, préventions complétement dissipées, et qui ont fait place
à la confiance la plus méritée, sans exprimer le sentiment sympathique qui m'a constamment dominé en faveur de l'Espagne ;
j'ai dû répondre en ces termes à M. Gonzalès : « La France n'avait
« pas besoin de traité pour accorder à son alliée naturelle ce que
« l'amitié et l'appui d'une puissante nation peuvent offrir de force
« et d'ascendant moral, indépendamment de tous les bons offices
« que comporteraient les circonstances. La cause de l'Espagne
« constitutionnelle est la cause de la France; l'intérêt est com-
« mun ; la défense doit donc être commune aussi, et cet intérêt
« seul, à défaut même de sympathie, rendrait tout traité su-
« perflu. »

Les allocutions les plus sympathiques et les plus nobles se croi-
saient : c'était M. Isturiz, président des procuradores, portant un
toast aux « Chambres françaises et à leur parfaite harmonie de
sentiments avec les Cortès »; tandis que M. Arguellès, de son
côté, un des représentants les plus dignes de la nation espagnole,
chargeait spécialement M. Garcias, en sa qualité de député français, de porter à ses honorables collègues l'expression des vœux
des procuradores.

C'était M. Garcias répondant au nom de la Chambre française,
et offrant à la représentation espagnole, étroitement liée au trône
constitutionnel, une juste et loyale réciprocité de vœux.

C'était M. Donoso rappelant en termes pleins de chaleur tout gné à l'Espagne bien des malheurs, bien du sang répandu.

Plus tard, sous le ministère de M. *Thiers*, à mon retour

ce que mérite de regrets, tout ce que doit obtenir de profonde sollicitude, la nation polonaise, pour laquelle « le Ciel est trop haut et la France trop loin. »

A côté de lui, un convive fort spirituel, M. Sanchez Toscano, a porté plusieurs toasts qui ont égayé l'assemblée par le piquant et la grâce des allusions.

M. Ferrer a proposé de payer un tribut aux deux doyens de la liberté espagnole, MM. Quintana et Arguellès. La jeune Espagne, par l'organe de MM. Donoso et Calderon Collantès, s'est félicitée de pouvoir suivre les traces des deux illustres devanciers.

La provocation ne pouvait pas rester sans réponse. C'est M. Arguellès qui s'en est chargé, et il s'en est acquitté avec cette bonté de cœur, cette grâce d'expression, qui sont le caractère distinctif de sa personne et de son talent.

Je me garderai bien d'oublier un toast plein d'humanité de M. de Las Navas, et qui suffit pour le caractériser. Cet homme, que notre imagination nous avait peint comme un forcené, s'est adressé au patriotisme espagnol en faveur des réfugiés actuels, obligés de fuir le sol de la patrie. Il a exprimé le vœu de voir bientôt tous les fils de cette patrie si chère, qui saura pardonner aux égarements, ne former qu'une seule famille. Ce souhait généreux a été accueilli avac acclamation.

Mais l'allocution qui nous a vraiment émus est celle de M. Calatrava. Il a rajeuni, par tout ce qu'une profonde sensibilité et un grand bonheur d'expressions ont de saisissant, la manifestation de reconnaissance de ses compatriotes envers M. Garcias, digne représentant de l'hospitalité française, dont M. Garcias s'était acquitté avec tant de zèle et de désintéressement d'une manière directe et privée. M. Calatrava s'est fait un devoir bien doux d'en rappeler le souvenir.

Je ne finirais pas si je reproduisais tout ce qui a été dit de bon, de patriotique, par la plupart des convives. Le respectable M. Quintana a payé aussi son tribut à l'impression que nous recevions d'Espagne, cette pensée toute généreuse, toute loyale, d'une intervention énergique, qu'au besoin la France offrait de faire seule avec l'assentiment de l'Angleterre, et pour laquelle un corps d'armée était tout préparé sous le commandement du général Bedeau, de regrettable mémoire ; cette pensée fut également repoussée, et ne contribua pas peu à la retraite du cabinet présidé par M. Thiers.

tous. M. Galiano a fréquemment charmé l'assemblée par ses allocutions, tout empreintes d'une philosophie délicate et spirituelle. M. Calderon Collantès s'est fait remarquer par l'énergie de ses improvisations. Enfin, M. Carasco, notre bon amphitryon, a parlé aussi avec autant de sensibilité que de modestie. Pour tout dire en un mot, le banquet a été une véritable séance de patriotisme, à laquelle je suis fier et heureux d'avoir assisté.

Le toast en l'honneur de la reine Isabelle et de son auguste mère ne pouvait pas être oublié : c'est M. Isturiz qui l'a porté.

Indépendamment d'une allusion pleine de délicatesse de M. Galiano, *sur une presse bienveillante et amie*, M. Gonzalès a été assez obligeant pour m'honorer personnellement d'un toast nominatif; j'en ai remercié du fond du cœur tous ces hommes généreux qui avaient si bien compris le mien. Voici la fin du discours que j'ai prononcé :

« Le peuple espagnol est un noble peuple. Et comment ne le
« dirais-je pas ? Je n'entends exprimer ici que des sentiments
« pleins de grandeur et de dignité. De plus, c'est la reconnaissance
« qui parle à l'homme assez heureux pour avoir pu obliger des
« hommes qui honorent l'humanité. Là, c'est la jeune Espagne
« qui se glorifie de suivre dans la carrière de la liberté ses coura-
« geux devanciers; ce sont ces patrons d'une liberté que ses er-
« reurs mêmes ont éclairée, qui s'en remettent à la génération
« nouvelle de l'avenir de la patrie.

« Oui, sans doute, le peuple espagnol est un noble peuple parmi
« les plus nobles peuples de la terre ! Entre l'Espagne libre et la
« France libre, ce doit être à la vie et à la mort. »

Plus tard encore, lors du mariage du duc de Montpensier avec une infante d'Espagne, nouvelle et vive opposition; opposition toujours. Il en sera ainsi de cette alliance toutes les fois que l'Angleterre ne devra pas en retirer le plus grand profit. Que veut-on? C'est sa politique à elle : *son interêt avant tout.*

IV

L'expédition du Mexique, objet de tant de critiques, même en France, ce pays où l'esprit de fronde égare jusqu'au patriotisme, l'expédition du Mexique est une nouvelle preuve de ce système d'égoïsme, de cette politique jalouse qui fait la base du patriotisme anglais, opposé au nôtre, dont on peut dire qu'il pèche par le défaut contraire, trop d'élan de cœur et de désintéressement.

Je reviendrai sur ce sujet, lorsque j'aurai à examiner les principales questions dont la solution pacifique importe tant au repos de l'Europe. Celle du *Mexique* en fait partie ; elle touche par tous les points aux intérêts et à l'honneur de la France, comme aux intérêts et à l'honneur de l'Europe, particulièrement de l'Angleterre et de l'Espagne.

L'Espagne ! ah ! l'Espagne, notre sœur pyrénéenne, notre sœur par la noblesse de cœur de ses peuples, par sa fraternité vaillante et malheureuse dans la journée néfaste de *Trafalgar;* notre sœur à qui l'Angleterre a enlevé Gibraltar aux jours de nos épreuves communes! L'abandon de l'Espagne dans l'expédition du Mexique, voilà ce que je reproche le plus à l'Angleterre. Cet abandon qu'elles ont fait d'une convention solennelle et synallagmatique a failli rompre cette fraternité à laquelle les deux nations ont tant sacrifié, et qui, dès à présent, leur ouvre une ère nouvelle de prospérité, de bonheur et de gloire.

Grâce à Dieu ! la faiblesse de l'Espagne à se laisser entraîner par l'Angleterre, soit directement, soit par son exemple, à la rupture immédiate, et sans aucune sorte de prétexte, de la convention entre les trois puissances contractantes, cette faiblesse est complétement oubliée par la France.

En droit commun comme en droit des nations, cette inexécution d'engagements *à titre onéreux* eût obtenu devant les tribunaux une réparation en dommages-intérêts, proportionnés aux dangers et aux charges de l'exécution que les deux puissances coobligées faisaient peser sur la France. La réparation glorieuse qu'elle a obtenue par la victoire qui assure la délivrance du Mexique et sa pacification, cette réparation glorieuse est sa seule vengeance, comme les avantages qu'en recueillent l'Angleterre et l'Espagne sont les seuls *dommages-intérêts* dont elle réclame l'honneur de leur *faire cadeau.*

Que l'Espagne ne s'en trouve pas blessée : entre elle et la France il ne doit plus y avoir qu'un échange de sentiments généreux et des rapports d'intime amitié. Il dépendrait de l'Angleterre que ces sentiments et ces rapports eussent le même caractère ; mais ce serait trop exiger d'elle qu'une pareille réciprocité.

Son isolement de l'Europe continentale, quoique la sépation ne soit que de quelques heures, cet isolement, joint à son caractère national, naturellement peu communicatif, et empreint d'un certain orgueil et de cette fierté que lui donne sa prépondérance maritime, devenue une nécessité pour elle par sa position insulaire; enfin, l'énorme puissance de sa production industrielle, qui lui fait une loi d'en étendre indéfiniment la consommation et de disputer les marchés à l'Europe entière : voilà les causes réunies de cette politique d'égoïsme et d'envie qui s'oppose à la cordialité, à la sincérité d'une alliance avec elle, principalement quant à la France, a tant fait et trop fait pour la cimenter solidement, au grand avantage des deux nations, et pour l'affermissement de la paix.

Le Portugal.

I

La cause de l'Espagne est celle du Portugal. Même intérêt dynastique comme rénovation. Don Miguel devait suivre le sort de don Carlos. Dieu, dans ses impénétrables et éternels décrets, dispose des trônes, et la *voix du peuple* devient alors la *voix de Dieu*.

Le Portugal formait la quatrième partie de la quadruple alliance dans le traité d'intervention contre les deux dynasties déchues.

L'Angleterre n'avait garde de l'oublier, comme elle gardait la mémoire des services rendus à la Péninsule entière, à l'époque de la guerre dite de l'indépendance contre la domination française, au plus fort de la puissance de Napoléon. Les célèbres lignes de défense de *Torres Vedras*, où Wellington put arrêter le nouvel Alexandre, étaient bonnes à rappeler. Le Portugal ne fit que changer de domination dans un autre ordre de vasselage : il paya sa délivrance de celle de la force par celle d'un **traité** de commerce où l'Angleterre se faisait la part du lion ; c'était l'application de son système de protectorat.

II

Mais c'est là de l'histoire ancienne et un souvenir rétrospectif. Le Portugal n'en est plus à avoir besoin de protecteur. Après des résistances à vaincre, qui ont été de salutaires épreuves, sa nouvelle et généreuse dynastie est entrée résolument dans la voie d'une sage liberté, et se distingue par une application intelligente et ferme des principes constitutionnels qui sont devenus, de proche en proche, le droit public de l'Europe. Le jeune monarque, que la France a pu apprécier, et qui a pour elle une vive sympathie, trouve et trouvera toujours en elle, comme l'Espagne, une alliée noble, affectueuse et désintéressée, qui ne lui marchandera pas sa cordiale amitié.

La réponse si digne, si remplie de raison, de sagesse et de noble philantrhopie, faite par le roi Louis au loyal appel adressé par l'Empereur à l'Europe pour résoudre amiablement les graves questions dont les conséquences pacifiques ou belliqueuses seront si heureuses ou si désastreuses pour elle, cette réponse ne peut qu'ajouter à l'intimité de l'alliance.

Je cède au plaisir d'en reproduire le texte ; il résume en lui seul l'appréciation des rapports entre nos deux nations :

Monsieur mon Frère,

La lettre que Votre Majesté Impériale a bien voulu m'adresser le 4 du courant, digne par son objet des plus sérieuses réflexions, a naturellement appelé toute mon attention.

La franchise du langage de Votre Majesté Impériale sur des difficultés et des dangers que toute l'Europe est intéressée à prévenir est une évidente preuve du désir qu'elle a de resserrer les liens d'amitié qui subsistent si heureusement entre nos deux pays.

Je me fais donc un agréable devoir d'annoncer à Votre Majesté Impériale que j'adhère, sans hésiter, à sa conciliante proposition, et que je m'associe de tout mon cœur aux sentiments qui l'ont inspirée.

Les congrès après la guerre sont ordinairement la consécration des avantages du plus fort, et les traités qui en dérivent, s'appuyant plutôt sur des faits que sur des droits, créent les situations forcées, dont le résultat est ce malaise général qui enfante les protestations violentes et les réclamations armées.

Un congrès avant la guerre, dans le but de la prévenir, est, à mon avis, une noble pensée de progrès. Quelle que soit son issue, il restera toujours à la France la gloire d'avoir posé les fondements de ce nouveau principe si hautement philosophique.

Convaincu, comme je le suis, de l'utilité d'un congrès international dans cette conjoncture, je ne manquerai pas d'y envoyer mes représentants et de les faire munir des instructions nécessaires.

Pour ce qui m'est personnel, très-sensible à l'offre obligeante et gracieuse de Votre Majesté Impériale, je me plais à l'assurer que, si les circonstances me le permettent, je l'accepterai avec la plus grande satisfaction.

En attendant, je prie Votre Majesté Impériale de vouloir bien agréer les sentiments de haute estime et d'inaltérable amitié avec lesquels je suis,

Monsieur mon Frère, de Votre Majesté Impériale

Le bon frère,

LOUIS.

Au palais d'Ajuda, le 18 novembre 1863.

Duc DE LOULÉ.

CHAPITRE XII.

La France et la Turquie.

I

Une des grandes erreurs de la Presse révolutionnaire, erreur partagée par les journaux se qualifiant exclusivement de *libéraux* plus ou moins avancés, comme par les organes du légitimisme et ultra-religieux, c'est de prétendre qu'il faut faire disparaître la Turquie de la carte de l'Europe, et reléguer l'islamisme en Asie, dernier asile des fils de Mahomet.

Et d'abord, en admettant que ce soit le vœu de toute la chrétienté, il faudrait commencer par s'entendre. Après avoir accompli cette expulsion du Croissant des mosqués de Constantinople (ce qui ne serait peut-être pas si facile qu'on le croit), il faudrait, dis-je, commencer par s'entendre entre toutes les nations européennes, réunies pour cette exécution violente, sur le choix des puissances qui en seraient chargées, à titre de mandataires de la coalition. Or, je présume que ce ne serait pas à la *Russie*, du moins seule, que l'Europe confierait ce mandat ; l'Angleterre, la grande protectrice de la Turquie, la France et l'Autriche, ne s'y fieraient pas ; tout au moins, elles réclameraient de s'y associer, de crainte de voir reparaître et se réaliser le testament de Pierre-le-Grand.

Voilà *une première difficulté* dont nous laissons la solution aux habiles parmi les nouveaux Pierre L'Hermite qui prêchent une nouvelle croisade contre la Turquie.

II

Une seconde difficulté (mais celle-là, dira-t-on, peut se résoudre diplomatiquement), c'est que, par le *traité de Paris* de 1856, la Turquie a été admise dans le concert européen *au même titre que toutes les autres nations*. Elle y avait d'autant plus de droit, que, dans la guerre de Crimée, elle avait montré une grande énergie (il est vrai qu'elle défendait sa cause). Sa résistance héroïque à *Silistrie* contre tous les efforts de Paschewitz, la vigueur d'Omer-Pacha et le courage de ses soldats rivalisant de bravoure avec les nôtres, sont des preuves d'une vitalité que la dernière guerre avec le Monténégro ont rendue plus évidente encore, et qui mérite d'être prise en sérieuse considération. On peut supposer, sans exagérer cette vitalité, qui est loin de la caducité attribuée si légèrement à la Turquie, que, s'il s'agissait pour elle de son existence en Europe, elle se livrerait aux efforts les plus extrêmes avant de succomber.

III

Mais enfin, j'accorde encore qu'au mépris de ce pacte européen, tout nouveau, et par l'irrésistible entraînement d'une exaltation religieuse, les quatre grandes puissances que cette question si complexe intéresse le plus, l'Angleterre, la France, la Russie, l'Autriche, se réunissent contre la Turquie, à titre d'exécuteurs des hautes œuvres politiques de l'Europe, à laquelle des quatre remettrait-on *Constantinople* à titre de *dépositaire* des clefs du Bosphore? Ne serait-ce pas un autre genre de crainte, qu'une fois qu'il tiendrait ces clefs, le dépositaire ne se refusât à les livrer, par suite de ce principe fortement raisonné de *Basile*, qu'on reproche un peu à l'Angleterre de mettre en pratique : « *Ce qui est bon à prendre est bon..... à garder* » *?* C'est là une *troisième difficulté* qui a bien aussi sa valeur.

IV

La *quatrième*, non moins digne de méditation, tire sa force de cette libéralité tant prônée par les révolutionnaires comme par les libéraux en titre, au nom de la sainte trinité dont ils ont les mots sacramentels sans cesse à la bouche : LIBERTÉ, ÉGALITÉ, FRATERNITÉ !!!

Est-ce que, par hasard, les *Turcs* ne sont pas des hommes, et par conséquent des *frères*. Est-ce que dans leur religion ils ne croient pas en Dieu comme nous, quoique ne reconnaissant que *Mahomet* pour son prophète? Et les *Juifs*, qui croient aussi en Dieu, ne croient pas à la venue de Jésus-Christ; ils l'attendent encore.

Mais même dans la religion chrétienne, une Eglise dissidente qui embrasse aujourd'hui la moitié de l'Europe, l'*Angleterre*, la *Prusse*, la *Suède*, une partie de la *France*, en outre de l'Eglise grecque et arménienne, non moins nombreuse, ces deux églises par leur nombre ne méritent-elles pas pour *leur centaine de millions de dissidents* le nom de *frères?*

Est-ce qu'il serait d'une sage, d'une généreuse, d'une prudente politique, alors que ce nom leur est acquis en Europe par la grande loi du Christ lui-même, la tolérance religieuse, dont la France est la première à faire l'application;

est-ce, disons-nous, qu'il serait d'une sage, d'une généreuse, d'une prudente politique, d'exclure de cette fraternité,
aux yeux de Dieu, les Turcs, qui, à l'exception de quelques
restes d'un fanatisme barbare, appliquent chez eux cette
divine loi, qui régit ou doit régir désormais la civilation moderne : la TOLÉRANCE RELIGIEUSE !

V

Ah ! l'Europe catholique, l'Europe chrétienne, qui ne sont
séparées que par un dogme respectable sans doute, mais que
domine et doit réunir la sublime exhortation du Christ, seraient injustes, je dis plus, ingrates, si elles ne tenaient pas
compte des efforts qu'ont faits les derniers souverains et leur
digne successeur de cet *Islamisme* raffermi, par cela même
régénéré, pour faire disparaître jusqu'au souvenir de ce sanglant fanatisme religieux, érigé en politique, et qui faisait
dire à Voltaire, par la bouche de son emphatique *Mahomet :*

> « *Le glaive et l'Alcoran, dans mes sanglantes mains,*
> « *Imposeraient silence au reste des humains.* »

Non, ce règne du *glaive* n'a que trop duré. La noble
descendance de Mahomet a abjuré cette domination cruelle
et farouche, qui soulèverait contre elle la chrétienté tout
entière; ce ne serait plus aujourd'hui une vaillante et sainte
ligue, mais trop faible aux jours où la seule foi en était le mobile impuissant encore.

L'islamisme des croisades a fait son temps. Mahomet lui-
même ressusciterait, qu'il accepterait, ne fût-ce que par un
sentiment de conservation, à défaut de tolérance, comme

une faveur, d'être admis dans la grande famille européenne à titre de confraternité. Là sont l'intérêt, la prospérité, je dirai plus, la gloire de la *jeune Turquie*. Son avenir européen en dépend. Cette confraternité réfléchira sur l'Asie, où sa domination est bien plus considérable encore. Elle doit s'inspirer de plus en plus de cette politique conservatrice et libérale, qu'on peut nommer *la propagande de la civilisation par la paix*, à opposer à la propagande de *la révolution par la guerre*.

C'est en vain que dans leurs proclamations *pacifiques*, avec *un peu de sang* cependant, leurs ardents sectateurs font appel à *un million d'âmes*, ce qui comporte *deux millions de bras*. Ce million, ou plutôt ces *deux cent millions d'âmes* qui sont l'Europe entière, ces *centaines de millions de bras*, sont acquis à la défense de la société, menacée de ces perturbations trop fréquentes et désastreuses, qui ne s'accomplissent que par des torrents de sang, des dévastations, des ruines, la cessation du travail, la misère et le malheur des peuples.

Après Dieu, c'est à leur sagesse et leur union, de les en préserver.

CHAPITRE XIII.

La France et la Grèce.

I

C'est par la Grèce que je termine ce travail d'appréciation des relations internationales de la France. La rénovation de

cette nationalité, dont le nom seul réveille tant de magnifiques souvenirs dans tous les genres de gloire, est un des
actes qui honorent le plus les trois puissances protectrices,
et particulièrement la France, à qui l'exécution en fut confiée.

Disons-le dans toute la sincérité de notre pensée, mais toujours avec le sentiment des convenances envers l'Angleterre
et la Russie : le triple protectorat ne fut pas de leur part
aussi désintéressé que celui de la France. Il est permis de
croire qu'elles y firent entrer *quelques prévisions de l'avenir*,
en vue de l'état d'affaiblissement de la Turquie, dont *Navarin*
avait anéanti les forces maritimes ; en même temps que la
Grèce, cette belle et riche partie de son patrimoine européen,
lui était enlevée ; quand, déjà, depuis la Révolution française,
les *Iles Ioniennes* et toutes leurs dépendances étaient passées
sous la domination française, par le traité de *Campo-
Formio*.

II

Plus tard, à l'époque la plus glorieuse de l'Empire, et sous
sa seconde occupation de cette belle pléiade insulaire, la
France prenait généreusement à sa charge la presque-tota-
lité de ses charges publiques.

C'est dans le traité de Campo-Formio qu'il faut chercher
l'origine et l'ensemble de la cession que l'Autriche en fit à la
France.

On y lit :

« Sa Majesté l'Empereur, roi de Hongrie et de Bohême,
« consent à ce que la République française possède en toute-
« souveraineté les îles ci-devant vénitiennes du Levant,
« savoir : *Corfou, Zante, Céphalonie, Sainte-Maure, Cérigo*,

« ET AUTRES ILES EN DÉPENDANT, ainsi que *Butrinto*, *Arta*,
« *Vonizza*, ET EN GÉNÉRAL TOUS LES ÉTABLISSEMENTS VÉNITIENS
« EN ALBANIE, *qui sont situés plus bas que le golfe de Bu-*
« *trinto*. »

La signature du célèbre traité avait été précédée du décret
par lequel le général Bonaparte proclamait la réunion des
peuples de la Valteline à la République cisalpine, par ce
motif « que la conformité de religion et de langue, la
« nature des localités, des communications et du commerce,
« réclamaient cette réunion (1) ».

Les mêmes motifs, les mêmes principes ne sollicitent-ils
pas le retour aux Iles Ioniennes, comme en ayant été dé-
membrées, en faveur des trois malheureuses villes de *Pre-*
vezza, *Butrinto* et *Parga*? Ce serait un acte non-seulement
de justice, mais de bonne et sage politique des trois puissances protectrices, même de la part de la Turquie. C'est ce
que j'essayerai de démontrer en son lieu, lorsque j'aurai à traiter de la solution équitable et pacifique de cette
question, touchant la cession des Iles Ioniennes par l'Angleterre à la Grèce, en considération de sa nouvelle et jeune
royauté, à laquelle se rattachent tant d'espérances. Puissent-
elles n'être pas encore déçues !

III

Tout est en faveur de la combinaison à laquelle les trois
puissances protectrices se sont arrêtées, pour rendre enfin à

(1) J'ai puisé ces renseignements dans le très-remarquable travail de
M. *G. A. Mano*, sous le titre : *La Grèce et le Danemark*. C'est l'œuvre d'un
des fils les plus généreux de cette Grèce aimée, dont il plaide la cause avec
tant de ferveur et de patriotisme. L'ouvrage a paru chez Amyot, éditeur des
Archives diplomatiques, rue de la Paix, 8, et chez les principaux libraires.

la Grèce le repos qui lui est si nécessaire, après tant d'épreüves depuis sa nouvelle existence de nation, sous le sceptre honnête, sincère, du roi Othon, dont on ne peut méconnaître le dévouement à la patrie qu'il avait acceptée. Il ne lui a manqué qu'une plus ferme résolution d'en faire prévaloir les aspirations légitimes. Son règne de trente ans, qui n'a pas été sans de véritables avantages sous le rapport des intérêts du pays, se serait certainement consolidé pour sa dynastie par l'accomplissement des vœux du patriotisme hellénique. C'est aujourd'hui la tâche difficile, mais glorieuse, qu'a noblement entreprise son jeune et courageux successeur.

IV

Oui, cette tâche est difficile, et, disons-le, car il faut dire la vérité aux peuples comme aux rois : ce peuple grec est bien encore aujourd'hui ce qu'il était, sans remonter aux temps fabuleux immortalisés par Homère, sous cette République, immortalisée aussi par la gloire et les merveilles des arts, qui avait succédé à l'orgueilleuse domination d'*Agamemnon*, LE ROI DES ROIS. Quelle République que celle qui donna le jour aux *Lycurgue*, aux *Solon*, aux *Léonidas*, aux *Thémistocle*, aux *Miltiade*, aux *Périclès*, aux *Platon*, aux *Socrate*, aux *Démosthènes*, aux *Phidias*, aux *Praxitèle* ! ! !

Eh bien ! je le répète en protestant contre toute pensée blessante, les Grecs modernes sont aujourd'hui ce qu'ils étaient alors : même amour de la gloire, mais aussi même ardeur inquiète, je ne dirai pas même turbulence ; même lutte d'ambition entre les chefs qui se disputent le pouvoir, même esprit de révolte contre la suprématie d'Athènes, siége du gouvernement.

L'antagonisme entre *Sparte, Athènes, Corinthe,* se reproduit, à trois mille ans de distance, dans un autre ordre de faits et de résultats, au grand préjudice du pays, dont il trouble le repos et arrête la prospérité ; tandis que son bonheur, sa gloire, devraient réunir tous les cœurs, et faire taire les sentiments d'orgueil, d'égoïsme, les passions haineuses et jalouses.

Voilà l'écueil où ont échoué jusqu'ici les nobles cœurs, qui ont su s'en préserver, dans leurs efforts pour régulariser ce patriotisme désordonné, à travers les obstacles de tout genre qu'ils ont rencontrés dans ce caractère d'un grand peuple, qui a toujours gâté ses héroïques qualités par les défauts de sa nature mobile et passionnée. C'est à réprimer ces défauts, qui compromettent son existence politique, que les hommes éminents dont la Grèce moderne a le droit de s'honorer doivent employer tout leur zèle, leur dévouement à cette patrie si chère, renaissante, appelée à de glorieuses destinées encore, si elle sait modérer son ambition, et faire tourner son activité, trop souvent fiévreuse, vers le développement des grands travaux de l'industrie et de son commerce de plus en plus florissant.

Et lorsqu'à son continent, si heureusement situé dans la plus belle partie de la Méditerranée, va être réunie cette riante et féconde pléiade septinsulaire, dont les traités de 1815 avaient livré le *fidéicommis* au protectorat un peu suspect de l'Angleterre, en attendant le jour trop tardif de son retour à la mère patrie, combien sera plus rapide et plus prospère sa régénération !

Enfin, que la jeune Grèce s'inspire des souvenirs si nobles de la Grèce antique, pour renouveler les merveilles de ses grands législateurs, de ses sages, éternels modèles de raison et de la plus pure philosophie; de ses sublimes poëtes, de ses puissants orateurs; enfin de ses maîtres, éternels aussi, dans les plus charmants des arts.

Voilà le vœu que je forme du fond du cœur pour que cette glorieuse régénération s'accomplisse sous ce Roi bien jeune encore, mais doué des dons les plus heureux; élevé à l'exemple des plus hautes vertus, et rempli des traditions héréditaires de la sagesse et du courage.

La France, qui en garde le profond souvenir, le secondera avec une vive et affectueuse sympathie pour surmonter les difficultés que présente cette tâche si belle, mais si ardue, qu'il a vaillamment acceptée.

Elle se plaît à espérer que l'Angleterre et la Russie, ces deux puissantes coprotectrices, s'uniront à elle dans cette nouvelle phase de leur généreuse tutelle.

LIVRE DEUXIÈME

CHAPITRE I.

La Pologne, sa nationalité.

I

Ce sujet, qu'on peut nommer palpitant de tous les genres d'intérêt, et qui excite tant de divergences d'appréciation dans la presse, à la tribune, dans la société, avait droit à la priorité dans l'examen des difficultés si graves qu'il présente, pour en obtenir la solution la plus favorable. Je réclame d'avance l'indulgence pour celle que, dans ma plus profonde conviction, je crois la seule désirable, la seule possible, et qui présente les meilleures conditions pour rendre à la Pologne sa *nationalité*, non pas en tant que *nation* reconstruite et complétement livrée à elle-même, mais comme réorganisation de son autonomie sur les bases les plus équitables, les plus larges et par cela même les plus sûres.

Et d'abord, qu'on me permette de le dire, la première pensée à laquelle il fallait s'arrêter, c'était de se demander s'il était dans l'ordre des choses possibles d'obtenir autrement que par la force la restitution de la Pologne, dans les trois parts que s'en sont distribuées la Russie, l'Autriche et la Prusse, par un droit malheureusement admis parmi les nations, le droit de la conquête. Cette restitution, il fallait ou que ces trois puissances consentissent, sur notre demande, à l'accorder librement et entière, ou bien la reconquérir généreusement pour n'en rien garder pour nous, au seul profit de la Pologne. Le premier moyen serait, sans contredit, le meilleur, le plus honorable, du côté de copartageants qui, mus par les plus nobles sentiments, renonceraient, chacun, à leur part et aux traités qui en ont sanctionné la possession, en présence et sous la consécration de l'Europe. Ce serait un bien bel exemple à donner aux autres *preneurs*, qui ont participé à la distribution *du gâteau* en 1814, et bien plus copieusement en 1815. Mais pouvait-on raisonnablement, sérieusement, l'attendre d'eux, et de l'Angleterre particulièrement?

Il fallait donc se demander, je le répète, à toutes les époques où la question du rétablissement de la Pologne était soulevée, si la restitution des *trois parts* était possible, *volontaire* ou *forcée;* car la réclamer d'une des seules copartageantes, et non des deux autres, officieusement, ou violemment, eût été ne rien faire, alors même qu'on aurait pu l'obtenir ou l'arracher de l'*une*, si on ne l'obtenait ou ne l'arrachait des *deux autres*.

II

Or, comment a-t-on pu se faire cette étrange illusion de croire qu'alors même que la Russie, à laquelle *seule* on s'adressait pour la restitution généreuse de sa part, ou pour la lui ravir par la force, et la rendre à la Pologne, l'Autriche et la Prusse auraient suivi, de leur côté, ce très-noble exemple; sans quoi il eût fallu les y contraindre aussi par cette même violence, dont la seule menace les eût réunies toutes trois contre *le don Quichotte* assez audacieux ou plutôt assez insensé pour se lancer dans cette *croisade humanitaire* en général, et toute sentimentale pour la Pologne en particulier, sans autre impulsion que celle d'une philanthropie chevaleresque, et d'une profonde sympathie pour la victime de la triple spoliation. Et cette formidable entreprise s'accomplirait avec une abnégation complète, sans autre dédommagement de tant de sacrifices, aux dépens de sa propre patrie, qu'une satisfaction platonique, et une reconnaissance sujette à retour!

Voilà pourtant le rôle que la passion la plus aveugle voudrait faire jouer à la France, sur l'excitation des partis extrêmes! à la France, qui, si elle était assez prodigue de ses fils les plus braves et de ses trésors pour l'accepter, ce rôle, serait traitée de mère dénaturée et ruineuse! Et elle pousserait le délire jusqu'à se croire obligée par le grand nom de *Napoléon* à en faire revivre le programme, effroi de l'Europe : « LA FRANCE, C'EST LA GUERRE! »

III

Ah! l'Angleterre en serait heureuse! elle qui, à l'exception des beaux sentiments dont ses organes font un si touchant, un si éloquent étalage, déclare ne vouloir donner à quelque peuple que ce soit, *Italie, Pologne,* ni un *Anglais,* ni un *écu!* Quelle excellente politique que celle de revoir la France provoquant encore la Russie, l'Autriche et la Prusse, s'épuiser de sang et d'argent dans cette autre lutte gigantesque; et, victorieuse ou vaincue, affaiblir aussi ses puissants adversaires, la Russie surtout, par leur ruine commune, commerce, industrie, finances; tandis que, paisible, et par cela même plus productive et plus *marchande* que jamais, elle jouirait seule, dans son île inexpugnable et fortunée, de ce désordre désastreux du continent!

Non! ce continent, objet constant de ses préoccupations, ne lui donnera pas cette grande joie! Espérons plutôt qu'à cette politique d'un si froid égoïsme et d'une jalousie si peu digne d'une grande et noble nation, quand ses intérêts ne sont pas en jeu, succédera un système plus conforme aux principes de fraternité des nations entre elles. L'*ancien wighisme*, personnifié en lord Palmerston et lord John Russel, a fait son temps. Déjà plusieurs des chefs qui les entourent, animés de sentiment plus généreux, en suivent à regret la bannière. La lutte va s'engager entre les deux politiques qui se trouveront en présence. Puissent les noms les plus éminents du *torysme*, à la tête desquels est placé l'illustre lord Derby, rajeunir le principe d'ordre et de conservation dont ce grand parti est le représentant et l'interprète! Puisse-t-il abjurer cet antagonisme insulaire contre l'Europe continentale, et principalement contre la France, qui en résume les aspirations vers un régime d'union et d'entente cordiale dans un intérêt commun de paix et de travail productif! L'Angleterre ne voudra pas y rester étrangère: c'est son très-grand intérêt aussi et son honneur!

IV

Cette digression me ramène à la question de la Pologne et de sa *nationalité*. La solution sur laquelle ma pensée la plus réfléchie, ma conviction la plus ferme (je l'ai déjà dit) sont complétement d'accord, c'est que cette nationalité, si digne de sympathie, ne peut être réalisée que par la *paix*, et l'établissement ou le rétablissement le plus large de son autonomie dans *les trois parties* qui la composent, soit par un loyal retour aux traités de 1815, qui les lie entre elles sous la sanction de l'Europe, soit par un accord nouveau soumis à cette même consécration dans le Congrès auquel l'Europe est encore conviée par la France et la noble parole de l'Empereur.

Je me plais à croire que la Russie sera la première à revenir aux nobles sentiments qui avaient inspiré *Alexandre I*ᵉʳ ; sentiments qui reçurent leur application la plus favorable, la plus heureuse, aux diverses parties de la Pologne échues en copartage à la Russie jusqu'à notre révolution de 1830.

Sans aucun doute, l'Autriche et la Prusse s'empresseront de s'associer à la Russie pour rétablir ou mettre de nouveau en harmonie l'autonomie générale en faveur de cette *nationalité* polonaise, qui ne doit former qu'un tout, sauf les modifications que les différences de mœurs et de lois entre les trois puissances peuvent introduire dans l'exécution, mais sans y porter atteinte.

V

Je viens d'avancer que les traités de 1815 furent très-libé-
ralement observés par l'empereur Alexandre dans leur application. J'en trouve une preuve éclatante qui appartient à
l'histoire, et qui en est la glorieuse attestation.

Mes souvenirs, très-vifs encore, et plus que jamais sympathiques à la Pologne dans le sens le plus vrai et le plus
favorable à son bonheur, ces souvenirs me rappellent la lutte
mémorable qui s'engagea, après l'explosion révolutionnaire
de 1830, entre la belle et vaillante armée *polonaise* contre
toutes les forces de la Russie. Qui donc l'avait créée et admirablement organisée, cette armée d'élite? Qui s'y était com-
plu et s'honorait d'en être le chef? Le grand-duc Constantin.
Qui donc avait autorisé cette organisation toute *nationale?*
Son frère Alexandre.

Ce sont là des faits; l'histoire impartiale les dira.

Ce qu'elle dira aussi (et c'est là qu'est le grand enseigne-
ment que nous donne cette guerre, alors toute *nationale,*
contre la Russie), c'est que la Pologne aurait peut-être
définitivement triomphé après de sanglantes et véritables
batailles, si l'élément révolutionnaire n'était venu se jeter dans l'arène, et, s'emparant du pouvoir, n'eût payé de
l'ostracisme les chefs les plus braves, les plus expérimentés,
qui s'étaient noblement dévoués à cette sainte cause de la
patrie. Puisse cet enseignemeut la prémunir aujourd'hui
contre l'invasion de ce même élément subversif de tout
ordre, de toute vraie liberté, et qui n'en est que la plus violente négation, par la tyrannie qu'il exerce sur les peuples.
La France, plus que toute autre, ne l'a que trop éprouvé.

Voilà le vœu ardent et sincère que je forme pour *la nationa-lité* polonaise.

VI

Je m'abstiens entièrement d'entrer dans l'examen des griefs que, sur la foi du comité national polonais et la géné-reuse intervention du noble prince Czartoryski, l'opinion émue élève contre la Russie, qui les dénie, et, de son côté, leur oppose ses propres griefs. La vérité est difficile pour ne pas dire impossible à reconnaître au milieu de ce conflit d'accusations réciproques.

Je ne m'attache qu'aux faits saillants, qui peuvent en per-mettre une appréciation calme et réfléchie, dégagée de toute idée préconçue ou d'esprit de parti.

Eh bien! je suis profondément convaincu qu'alors même que la Russie donnerait l'exemple à l'Autriche et à la Prusse, je ne dis pas seulement de son retour aux traités de 1815, mais de l'application la plus libérale d'une institution politique fon-dée sur la complète autonomie de la *nationalité* polonaise, et que cet exemple serait suivi par elles, le comité *national* repousserait entièrement cette organisation qui laisserait en-core la Pologne sous la domination des trois puissances.

Ce que veut le comité (et il l'a très-catégoriquement dé-claré dans son manifeste), c'est l'*entier rétablissement de la Pologne d'avant le partage de* 1772; en un mot, TOUT ou RIEN!!

VII

Mais cette déclaration absolue et impérative du comité qui se qualifie de *gouvernement national* est-elle l'expression de la volonté du peuple dans toutes ses classes, qui, seules, ont le droit de parler au nom de la *Pologne ?* Si la délégation qu'elle aurait donnée au comité était vraie, ce ne serait pas par bandes plus ou moins nombreuses, agissant sur certains points très-accidentés ou boisés, la Pologne russe seulement, mais par une levée en masse de toutes les popnlations de la Pologne entière. Ce serait des *millions d'âmes et de bras ;* non pas ceux que la propagande révolutionnaire convoque à grand bruit de sa réclame, mais des *millions d'âmes et de bras* qui sont la *nation* même, la patrie, et contre lesquels il n'y aurait pas de résistance possible.

Là n'est plus l'insurrection ; c'est l'élan immense, le suprême effort de tout un peuple pour reconquérir son indépendance, mais à la condition que ce soit par *lui seul*, et non par l'*étranger*. La France en a été l'humiliant et douloureux exemple ; sa plus antique dynastie en a porté la peine : grande et salutaire leçon pour la Pologne !

CHAPITRE II.

L'Italie. — Son unité.

I

De toutes les questions à résoudre, celle dont la solution est la plus désirable, car elle est la plus grave et la plus ardue, c'est celle que soulève l'*unité de l'Italie ;* toutes les autres s'y rattachent de plus ou moins près.

En effet, c'est par l'élément révolutionnaire et propagandiste que chacune de ces questions se complique et produit de grandes difficultés. Son intervention s'y révèle par un appel fait à tous les peuples pour s'insurger contre leurs institutions.

Entendons les ardents sectateurs de cette propagande subversive : ils ont au moins le courage de leur doctrine, s'ils sont sincères, ou de leur charlatanisme, pour ceux qui n'en sont que les jongleurs. S'il faut les en croire, l'heure de la délivrance des peuples a sonné pour tous ! Qu'ils se préparent donc à la lutte qui s'engagera dans l'Europe entière : *Italie, Hongrie, Pologne, Allemagne, Autriche, Russie, France* même (l'Angleterre aura son tour). L'ancien monde a fait son temps ; la *Révolution*, personnifiée en quelques noms, le déclare. Il doit disparaître pour le plus grand bonheur et la plus grande gloire de l'humanité !

Laissons ces phrases banales et retentissantes. Ne nous laissons pas émouvoir par leur forfanterie ; mettons-nous en face de cette jeune école d'idéologues, de rhéteurs et de fiers-à-bras, déjà caduque après moins d'un siècle d'expérimentations, qui en démontre le vide et la sanglante stérilité. Et puisque nous nous occupons de l'Italie, examinons si elle n'est pas, par elle-même, la cause la plus flagrante des obstacles que présente la réalisation trop absolue de *son unité*.

II

Nous ne craignons pas de le dire, cette pensée toute patriotique, à laquelle, pour notre part, nous nous honorons d'avoir applaudi, et dont la France seule pouvait et peut encore seconder l'accomplissement, cette pensée a été en-

tièrement faussée par l'intervention de la propagande révolutionnaire, qui s'est attribué l'honneur d'avoir délivré
et régénéré l'Italie : jactance puérile ! qui ne mérite pas une
sérieuse réfutation.

Non ! l'Italie ne pouvait pas s'affranchir *seule* de la domination de l'Autriche, qui s'étendait de l'Adriatique aux Alpes-
Maritimes, et n'était arrêtée que par le Piémont, trop faible
pour lui résister.

A Dieu ne plaise que nous ayons la plus faible pensée de
rabaisser la vaillance chevaleresque du digne fils de Charles-
Albert et de sa brave armée; mais, sans le rapide élan de la
France, *Novare* aurait eu son désastreux pendant. Ce n'est
pas *Garibaldi*, quel que soit son courage, avec ses quelques
milliers de partisans, qui eût pu le conjurer. *Magenta* et
Solferino ont trop démontré qu'il a fallu toute la vigueur de
nos armes réunies pour triompher de la discipline de la
belliqueuse armée autrichienne et de l'expérience de ses
chefs.

Que fit et qu'aurait pu faire encore Garibaldi dans ces
deux grandes journées? Nous avons dit déjà, en traitant des
relations de la France avec l'Italie, ce qu'il a fait *après*.

III

L'unité de l'Italie, cette vision qui lui a inspiré son ardent
patriotisme, telle qu'il la conçoit et qu'elle lui est apparue;
cette *unité* que les traités de *Villafranca* et de *Zurich*, em-
preints de tant de modération de la part de la France, auraient paisiblement résolue par leur exécution loyale, ou
dont ils auraient du moins amené progressivement la solution

plus complète ; cette *unité,* c'est à Garibaldi qu'en est due la complication, à ce point de la rendre impossible, si on la laisse à la merci des nouveaux événements dont l'Italie peut devenir à tout instant le théâtre.

Combien il est à regretter que les exhortations pleines de sagesse et d'une si cordiale sympathie pour l'Italie n'aient pas prévalu dans les conseils de Victor-Emmanuel, et que M. de Cavour lui-même, par un excès de patriotisme que nous ne voulons pas qualifier d'excès d'ambition, ne se soit pas arrêté sur la pente trop rapide où l'entraînait la trop impatiente et trop fiévreuse ardeur de Garibaldi !

C'est par elle, par l'excitation haineuse dont elle l'animait contre l'Église, au point de ne pas respecter l'inviolabilité du Pape lui-même, que s'est opéré le soulèvement de l'Ombrie, des Marches, jusqu'aux portes de Rome, qui eût été envahie aussi, et le serait demain, sans la protection dont la France la couvre et la couvrira, jusqu'au jour où l'apaisement des passions révolutionnaires aura ramené ces populations égarées à la seule domination que la religion leur enseigne, sinon leur commande, et sous laquelle elle leur inspirera, plus tôt peut-être qu'on ne pense, la volonté de rentrer.

Puisse cette divine inspiration diriger les prudents conseillers de l'auguste monarque appelé par la Providence à régner sur l'Italie régénérée ! Puisse-t-il, à leur défaut et par sa propre sagesse, devant laquelle tout autre doit céder, faire un retour vers ce traité de *Zurich,* dans les conditions où ce retour est encore possible, surtout profondément désirable comme grande et noble politique. Là est la pacification de l'Italie, sa vraie, sa seule *unité* possible.

IV

La base fondamentale de cette unité, la base que nous nommerons sainte, c'est Rome! elle n'a pas été appelée la *ville éternelle* pour passer sous une autre domination que celle du chef inviolable et sacré du catholicisme (que n'est-il pas permis de dire de la chrétienté!...). Tout partage de cette domination est impossible, et serait, sous l'empire des lois de ce même catholicisme, un sacrilége et une profanation.

Que cette base d'unité soit reconnue par le glorieux roi d'Italie; qu'il exerce la plénitude de sa souveraineté pour rendre à Rome les provinces qui, dans un jour d'égarement, s'en sont séparées, mais en qui les aspirations secrètes et intimes de la conscience, les sentiments religieux et les vives impulsions de la foi se réunissent pour en faire prévoir le retour. De ce moment, toutes les difficultés qui semblent insurmontables disparaissent, tous les obstacles sont aplanis. L'Italie entière est réconciliée avec Dieu! et cette réconciliation exercera une immense influence sur son entière pacification.

Nous venons de dire que là était sa vraie, sa seule *unité* possible. C'est ce qu'il nous reste à démontrer.

V

La cause de la religion étant gagnée, celle du pouvoir *temporel* l'est aussi, dans les deux conditions où il doit s'exercer pour qu'il y ait harmonie entre la partie *religieuse* et la partie *laïque* qui en composent l'ensemble ; la première surtout ne peut qu'y gagner.

Ainsi le *gouvernement* dont le Saint Père est le chef auguste et sacré lui appartient exclusivement. Le pape *règne* et *gouverne.* Il n'y a, quant à son droit et son pouvoir, aucune sorte de fiction possible, au *spirituel* comme au *temporel,* à la différence du gouvernement qu'on s'est plu à nommer *parlementaire.*

Mais, par cela même que ce droit et ce pouvoir sont aussi complets qu'ils doivent l'être, les règles d'une bonne et sûre politique veulent que l'administration soit confiée à la partie *laïque,* sous le contrôle du gouvernement.

Par cette délégation du pays, il satisfait aux aspirations de la classe intermédiaire, et des classes purement populaires, égales en droits, mais inégales par la fortune, les lumières, la position sociale, qui ont entre elles des rapports de tous les moments, dans ce qui touche au commerce, à l'industrie, à l'agriculture, à tout ce qui est travail productif, et assure leur meilleure condition d'existence.

Cette division si sage, si juste, si politique, entre les deux pouvoirs, a été constamment l'objet de la sollicitude du Gouvernement français et de l'Empereur lui-même, qui n'a cessé de la recommander à ses représentants auprès de la cour de Rome. Déjà elle a pris en sérieuse considération cette intervention officieuse et affectueuse à la fois, qui est le complément du dévouement tout désintéressé de la France chrétienne à la sécurité, et, au besoin, à la défense du Saint–Siége.

J'ose le redire encore : cette sécurité ne sera entière qu'après le retour des provinces détachées de la domination spirituelle et temporelle de Rome. C'est alors aussi que l'administration du pays, confiée à l'élément laïque, par délégation du pouvoir temporel, pourra recevoir sa complète application, à la grande satisfaction des populations ; c'est alors seulement aussi que l'intervention de la France, n'aura plus de raison d'être.

VI

Mais, dira-t-on, l'*unité* de l'Italie n'est pas dans la seule question de Rome ainsi résolue. La *Vénétie* reste encore à l'Autriche. C'est la seconde condition de cette *unité*, telle que la veut et que déclare la poursuivre à outrance la révolution, dans son expression la plus ardente, la plus impérative. Or, comment résoudre pacifiquement cette grave, ou plutôt cette insurmontable difficulté ?

Grave, je l'accorde ; insurmontable, non !

VII

Le *traité de Zurich*, par son exécution sincère, assure cette solution. Il lie les trois parties contractantes : la *France*, l'*Autriche*, le *Piémont ;* le Piémont, qui n'était pas encore l'*Italie.*

Du côté de la France, l'exécution du traité a été loyalement observée ; il faut rendre cette justice à l'Autriche qu'elle n'y a pas dérogé. Quel serait donc le droit du Piémont de s'en croire délié, à moins qu'il ne justifie son affranchissement par une infraction aux conditions du traité par l'une des puissances contractantes ? Jusqu'à cette preuve, la rupture en resterait à sa charge.

Dans ce cas, le rôle de la France serait dicté par sa droiture et son honneur : ce serait de maintenir le traité avec l'Autriche, et de laisser au Piémont toute la responsabilité de sa retraite, et des griefs que l'Autriche serait en droit d'élever contre lui.

Nous n'irons pas jusqu'à prévoir quelles en seraient les conséquences ; mais l'Italie, avec les modifications si profondes qui se sont produites au profit du Piémont par l'absorption des Deux-Siciles, des trois grands duchés, des Romagnes ; l'Italie, livrée à elle-même dans le conflit qui s'élèverait nécessairement entre ces nationalités, ayant chacune ses mœurs propres, ses intérêts distincts, son histoire, ses antipathies, les souvenirs récents des dominations disparues, mais vivantes et prêtes à saisir le premier moment de trouble pour les revendiquer, et ce trouble se manifestant par une provocation contre l'Autriche pour lui enlever la *Vénétie ;* l'Italie ! qu'adviendrait-il, pour *son unité,* de ce conflit sanglant et tumultueux ? Nul que Dieu ne peut prédire ce qui sortirait de cette nouvelle lutte, dont la France n'attendrait peut-être pas l'issue pour sauvegarder sa parole comme partie au traité de Zurich et ses propres intérêts.

VIII

Que si, au contraire, les trois hauts contractants y reviennent, avec l'intention, sans arrière-pensée, et la volonté d'en faire servir les bases à constituer l'*unité* de l'*Italie,* la *Vénétie* y serait apportée par l'Autriche, mais à titre *fédératif,* sous la condition de pourvoir à son autonomie, véritablement nationale, sans cesser d'appartenir à l'Empire.

Dès lors, plus de troubles possibles.

D'un côté, Rome, rendue à elle-même *dans toutes ses parties*, avec sa suprématie spirituelle, et le règlement très-sage, très-politique, de son pouvoir temporel ; Rome *ainsi complétée*, et dont l'administration civile serait attribuée a la partie *laïque* du pays, par délégation du gouvernement dans son expression la plus élevée, le PAPE.

Du côté de l'Autriche, apport de la *Vénétie* à l'*unite*, comme je viens de le dire, à titre *fédératif.*

Quant aux autres modifications survenues dans l'organisation de l'Italie, quelque considérables, quelque regrettables qu'elles puissent être, le traité de Zurich n'a pas eu pour objet de les régler ; la force des événements les a produites.

Dieu seul dispose des dynasties et des dominations par *la voix des peuples.* La France, l'Espagne, le Portugal, la Grèce, en sont l'exemple. Dieu seul aussi peut les rétablir par cette même voix, toute-puissante pour détruire, dans ses jours de passion et d'emportement, mais aussi pour ré-édifier, dans son retour à l'ordre et à la sagesse. Laissons donc à Dieu le soin de cet avenir.

CHAPITRE III.

Le Danemark et la Diète germanique.

(Les duchés de Schleswig-Holstein.)

I

Nous avons omis d'indiquer dans le *Sommaire* ce litige plusieurs fois séculaire, qui est encore à résoudre, et dont l'actualité est devenue plus qu'une menace pour le maintien de la paix, par l'ardeur belliqueuse qui s'est emparée de l'Allemagne. Le commencement d'exécution auquel elle a cru devoir se livrer, nous ne craignons pas de le dire, est plus qu'une imprudence, par l'oubli de toutes les conditions du droit des nations entre elles, et du droit des gens, qui ne permettent pas à l'une des parties contendantes de se faire justice par elle-même, et de trancher le litige par la force.

Nous avons exposé substantiellement dans le *Livre I*, chapitre 7, les faits qui jettent un grand jour sur la propriété des deux duchés, dont l'un, le *Schleswig*, est tout d'origine *danoise*; l'autre, le *Holstein*, d'origine *allemande*, mais appartenant depuis plusieurs siècles au Danemark, et ne formant *qu'un tout indivisible*. La seule différence qui existe entre eux, c'est que le *Holstein* seul, par son origine, fait ou doit faire partie de la Confédération germanique.

Certes, si la difficulté se réduisait à cette agrégation de pure organisation fédérative, ce ne serait pas la peine de jeter dans l'Europe entière une pareille cause d'émotion et de perturbation internationale. Des intérêts bien autrement graves et considérables sont dignes de sa plus vive sympathie et de sa sollicitude.

II

Mais cette cause n'est qu'un prétexte pour enlever au Danemark non-seulement le *Holstein*, mais aussi le *Schleswig*, comme en étant inséparable, parce qu'il aura plu à un roi de Danemark, *il y a quatre siècles*, d'insérer dans son testament cette clause, non-seulement absurde par elle-même, mais

contraire à toutes les notions du droit national, dont les
termes seuls attestent la violation.

Il y est dit : « Si mes descendants avaient le *malheur* de
« perdre *le Holstein, je veux absolument qu'ils perdent le*
« *Schleswig*. »

Ce qui répond à cette pensée de démence : « Puisque mes
« descendants ont eu le *malheur* de perdre un *duché*, *je veux*
« *absolument* qu'ils aient le *malheur* de les perdre *tous les*
« *deux*. »

Et c'est ce testament qui fait aujourd'hui le titre sur lequel
se fonde l'Allemagne, représentée par la Confédération germanique, représentée elle-même par la Diète, pour annuler,
à la majorité de *neuf* voix contre *sept*, le traité de 1852, signé
à Londres, par lequel non-seulement la question de *propriété* des deux duchés, mais aussi celle de succession, qui
la domine, sont énergiquement tranchées en faveur du Danemark ; et parmi les signataires figurent les deux grandes
puissances allemandes, l'*Autriche* et la *Prusse !*

En vérité, si jamais leur parole a été engagée (et leur
parole, c'est leur honneur), c'est par ce traité solennel, qui
n'a été conclu qu'après l'examen le plus approfondi. Par cela
même qu'il s'agissait des droits et des intérêts de l'Allemagne, les deux hautes contractantes ont dû apporter à
cette investigation l'attention la plus scrupuleuse ; et ce n'est
qu'après avoir acquis la profonde conviction des droits du
Danemark à la propriété de ces deux duchés, comme *patrimoine de la nation*, et des droits de la branche royale régnante,
comme *succession*, qu'elles ont signé le traité.

III

Nous l'avouons en toute sincérité, tout en protestant de notre plus grand respect pour l'Autriche et la Prusse, avec lesquelles la France du second Empire entretient les relations les plus cordiales, nous sommes à comprendre, non point qu'elles n'élèvent pas plus énergiquement leur voix contre la décision de la diète, qui refuse de reconnaître le traité de Londres, dans lequel elle n'était pas partie, mais que la diète ait cru devoir passer outre à l'exécution fédérale contre le Danemarck, à la majorité d'une voix (*neuf voix contre sept*), sans égard pour les deux premières nations, qui représentent à elles seules la grande majorité de l'Allemagne, comme population.

Comment expliquer aussi que, signataires de la convention de Londres, elles aient approuvé l'exécution fédérale, avec coopération de leur part, ce qui impliquerait pour elles la rupture du traité.

Nous aimons plutôt à penser que leur concours à cette exécution a eu pour objet de faire respecter leur signature, qui, si elle n'engage pas l'Allemagne entière, est du moins dans son intérêt même, afin que cet intérêt ne soit pas compromis par une violation flagrante de tous les principes de droit international et de droit des gens, qui, ainsi que nous l'avons rappelé, ne permettent pas de se faire justice par soi-même.

Cette violation, d'ailleurs, a pour conséquence nécessaire l'intervention, au nom de ces mêmes principes, par l'Angleterre et la France, *cosignataires du traité*, en outre de ce qu'exige leur propre intérêt, aussi, à ce que la paix ne soit pas troublée.

IV

Cette intervention, j'en ai déjà démontré la légitimité par l'application des principes du droit commun comme du droit international. En effet, en toute matière, si, dans un débat entre deux parties, l'intérêt d'une troisième peut se trouver menacé, son intervention est de principe *quand elle n'y est pas représentée.*

Or, qui pourrait nier que la France n'ait pas un intérêt indirect, mais très-pressant, dans le litige qui divise la Confédération germanique et le Danemark, en outre de sa vive sympathie pour cette nation amie, si digne d'estime pour sa loyauté et son courage? Il en est de même de l'Angleterre, de la Russie, de la Suède, de l'Europe entière.

Cet intérêt général, c'est le maintien de la paix, que trouble, à des époques alternatives, cette prétention, au moins étrange, de s'arroger le droit de propriété des deux duchés litigieux, tout au moins de l'un d'eux, le *Holstein,* sur cette seule *allégation* qu'il appartient à l'Allemagne; allégation constamment, énergiquement repoussée par le Danemark.

Encore une fois, entre ces deux prétentions contraires, qui prononcera? L'Allemagne, l'une des parties? c'est impossible! Il faut entre elles un juge. Ce juge, en premier ressort si l'on veut, c'est le tribunal qui s'est constitué pour examiner les titres de chacune d'elles, et prononcer sur leurs droits. Et dans ce tribunal même siégeaient les deux premières nations allemandes, qui, quoique parties, ont loya-

lement concouru et adhéré à la double décision en faveur
du Danemark sur la propriété de deux duchés et le droit de
succession.

V

La seule prétention que puisse avoir la Diète germanique
par sa majorité *d'une voix*, et son extrême minorité comme
nombre des populations, c'est que, n'ayant pas été représentée devant le tribunal ou *congrès partiel* de 1852 à Londres, elle n'est nullement liée par la décision qu'il a rendue.

Mais alors, qu'elle réclame la réunion d'un nouveau congrès, qui se composera de l'Europe entière, où elle viendra
exposer et soutenir ses droits.

Mais ce *congrès général* est tout convoqué par l'initiative
si généreuse, on peut dire si glorieuse, de l'Empereur. La
diète elle-même l'a accepté, à la vérité *sous réserve;* c'est
sans réserve que doit être son adhésion : car, on ne saurait
trop le redire, *elle ne peut être juge dans sa propre cause.*
Et quel tribunal, ou plutôt quel aréopage plus grand, plus
noble, et qui présente plus de garantie de justice, que celui
qui se composera des plus hauts, des plus augustes gardiens
des droits, des intérêts et de l'honneur des nations ?

VI

Nous ne terminerons pas cette partie très-intéressante
de notre première *étude politique* sans nous expliquer avec
la même sincérité, la même indépendance, sur l'épisode qui
a si gravement compromis la solution pacifique des duchés.

C'est la résolution trop impatiente du duc Frédéric d'Augustenbourg de s'attribuer, par l'effet de sa seule volonté, la propriété des deux duchés en litige, et d'en prendre violemment possession, du moins du Holstein, au nom de l'Allemagne, malgré l'Autriche et la Prusse, les grandes puissances allemandes signataires du traité de Londres, qui ne reconnaît en qualité de *propriétaire* que le *Danemark*, et pour possesseur légitime que son *roi*, à titre de *successeur* à la couronne.

Cet acte d'autorité de la part du noble duc est tout au moins une imprudence, et, nous le disons à regret, un oubli de sa propre et solennelle protestation adressée à l'Empereur. Nous avons lu avec une extême attention cette invocation à la haute sagesse et à la justice de Napoléon III ; elle porte elle-même la condamnation de cette prise de possession injustifiable, après l'appel fait par le noble duc à des arbitres pris parmi les noms les plus hauts et les plus révérés.

Nous en reproduisons le texte :

Sire,

Venant de prendre possession, après le décès de feu S. M. Frédéric VII, du gouvernement des duchés du Schleswig-Holstein, ainsi que l'obligation m'en était imposée par ma qualité d'héritier légitime, j'ose soumettre à la haute justice de Votre Majesté quelques observations relatives aux droits qu'il est de mon devoir de réclamer au nom de ma maison, et bien plus encore au nom de mon pays.

Assurément les points essentiels de cette grave question n'auront pu échapper au regard pénétrant de Votre Majesté ; mais l'esprit de parti et les passions excitées par des intérêts étrangers à la question de droit ont tant travaillé à obscurcir cette cause, si simple en elle-même, que Votre Majesté voudra bien, je l'espère, pardonner l'empressement qui me porte à rappeler succinctement dans cette lettre les bases d'après lesquelles elle devrait être résolue, à ce qu'il me paraît.

Juste devant Dieu, la cause que je suis appelé à défendre n'aurait certes *à redouter l'arrêt d'aucun tribunal impartial. Il suffit qu'elle soit examinée sans prévention.* Qu'on fasse même abstraction de toute sympathie que la malheureuse position de mon pays pourrait inspirer ; *un examen rigoureusement impartial de nos droits et de nos griefs est tout ce que nous demandons à la face du Ciel.*

Et cet examen rigoureux, mais impartial, mais indépendant de toute prévention, c'est surtout de la part de Votre Majesté, de cet esprit de haute justice qu'elle a tant de fois manifesté d'une manière si magnanime, que j'ose l'espérer avec une entière confiance.

Mais, Sire, en me bornant à demander justice pour mon pays, je ne saurais pourtant oublier les circonstances qui surtout m'en font un devoir, et qui seront sans doute d'un grand poids aux yeux d'une généreuse équité. Dans la cause des duchés, *le droit positif et historique se trouve être d'accord avec les vœux de leur nombreuse et loyale population*, avec les intérêts les plus chers à la fois et les plus sacrés, avec les *intérêts de sa nationalité* (1).

Jamais Votre Majesté n'a été indifférente à la voix des peuples opprimés. L'Europe entière en est témoin. Vous daignerez, Sire, compatir encore aux souffrances, à l'injuste oppression que les

(1) Nous avons recommandé à l'attention publique, et surtout à la haute diplomatie, l'excellente *Étude politique* de M. le baron Paul de Bourgoin, ancien ambassadeur, ayant pour titre : LA GUERRE D'IDIOME ET DE NATIONALITÉ, et pour sous-titre : *La Pacification du Danemark.*
C'est au chapitre XXIII, LE DANWIRK, que se trouvent réunies et résumées les preuves les plus décisives de la propriété des duchés, et principalement du *Schleswig*, en faveur du Danemark. Le dernier paragraphe de ce chapitre, et qui en est la conclusion, s'exprime en ces termes :

« Sous l'empereur Conrad II, de la maison de Franconie, le Schleswig « est solennellement reconnu comme appartenant au Danemark.
« Je ne crois pas devoir citer tous les contrats et traités successifs aux-« quels la possession de ce petit coin de terre a donné lieu entre les empe-« reurs, les princes les plus célèbres de l'Allemagne et les rois de Danemark,

habitants du Schleswig-Holstein ont dû subir, parce qu'ils ont voulu rester fidèles aux traditions de leur pays, à la langue et aux mœurs de leurs pères. C'est de moi, du succès de mes réclamations qu'ils attendent le terme de leurs maux, et, j'ose le dire, c'est à ce titre, c'est en raison de ces espérances, que je ne saurais me soustraire au devoir de faire valoir les droits héréditaires qui me sont dévolus.

On ne saurait d'ailleurs se refuser à voir que la question tant débattue des duchés a aujourd'hui, sous plus d'un rapport, une très-grande portée, qui va bien au delà des intérêts matériels immédiatement engagés. Elle excite un intérêt actif et passionné, tel enfin qu'il y aurait peut-être de graves inconvénients à ne pas en apprécier les effets à leur juste valeur.

L'Allemagne entière est en émoi. Il suffit d'un coup d'œil sur tous les pays allemands, depuis les bords du Rhin jusqu'aux rives de la Baltique, pour demeurer convaincu que les esprits n'y seront jamais satisfaits ; que la paix, la tranquillité, n'y seront jamais rétablies d'une manière solide ; que, enfin, le foyer des révolutions n'y sera jamais éteint, à moins que la question des duchés n'y soit résolue conformément *aux lois de l'équité et aux intérêts de la nationalité*, à moins que ce pays ne soit enfin soustrait à la domination de l'étranger et rendu à son souverain légitime.

On ne saurait s'y tromper : toute décision dans un sens opposé ne serait jamais que provisoire aux yeux de quarante millions d'Allemands. *Lors même qu'on essayerait de revêtir une pareille décision*

« alors puissants en Europe. Presque tous les grands noms de l'histoire des « deux peuples passeraient sous les yeux du lecteur s'il fallait énumérer « les batailles livrées en vue du Danemark, et les traités par lesquels les « droits, aujourd'hui contestés au *Danemark*, ont été sanctionnés. D'une « part, on verrait les empereurs des maisons de Franconie et de Souabe, « Frédéric de Barberousse, Henri le Lion, duc de Saxe; de Maistre, Kannut- « le-Grand, Magnus-le-Grand et Waldemar, se disputer, le glaive au poing, « cette vieille terre danoise, puis reconnaître finalement qu'elle est bien « réellement *danoise* de *fait* et de *droit*. »

Voilà les témoignages irrécusables de l'histoire, voici le véritable *droit historique* conquis glorieusement par le Danemark à proposer comme droit allégué par le duc d'Augustenbourg.

des formes les plus solennelles, ce ne serait jamais qu'une lutte à re-
commencer aux yeux de la nation. Il est sans doute inutile de
s'étendre davantage sur les dangers d'une pareille situation. Ils
ne sont que trop évidents. Et celui qui *demande justice* au nom d'un
droit vénérable et sacré à tant de titres, au nom des intérêts im-
portants dont *le destin l'a rendu dépositaire,* ne lui serait-il pas permis de croire qu'il agit dans les intentions de Votre Majesté, que
le sort lui offre l'occasion de seconder les nobles entreprises dont
l'Europe lui est redevable, ces généreux efforts qui ont pour but
de rendre justice aux intérêts des nationalités en évitant les dangers que renferment leurs réclamations, ainsi que d'éloquentes
paroles l'ont récemment proclamé devant l'Europe entière?

En soumettant avec confiance la question de droit à l'appréciation éclairée de Votre Majesté, j'ose espérer, Sire, que la noble
cause qui m'est confiée trouvera un meilleur appui dans les vues
élevées, dans les sentiments généreux qui vous animent.

En jetant un regard en arrière sur ma vie passée, j'y trouve
de douloureux souvenirs. Moi aussi j'ai eu à lutter contre un sort
hostile; j'ai eu à supporter de pénibles revers, et si un mouvement d'orgueil m'était permis, j'ajouterais : Et moi aussi je n'ai
jamais renoncé à l'espérance, ni surtout à mon devoir. Puisse la
Providence m'accorder aussi, dans des rapports bien plus mo-
destes, cet heureux succès dont un des souverains les plus illustres de l'Europe et une des couronnes les plus puissantes offrent
au monde un si glorieux exemple !

Quand je me rappelle les beaux jours qu'il m'a été permis de
passer en France, à la cour de Votre Majesté, lorsque je m'y étais
rendu pour lui présenter l'hommage des sentiments qui lui sont
dus à tant d'égards, le souvenir de l'intérêt magnanime que Votre
Majesté a bien voulu me témoigner, des paroles bienveillantes
qu'elle m'a fait l'honneur de m'adresser, se présente vivant à ma
mémoire ; il m'est doux de m'y arrêter, et ce beau souvenir me
semble garant de l'avenir.

*J'attends, dès lors, sans crainte la décision à laquelle Votre Majesté
voudra bien s'arrêter relativement à ma bonne et juste cause ;* plein de
confiance, j'ose espérer qu'elle ne voudra jamais repousser une

revendication de droits *dont la légitimité ne saurait être révoquée en doute;* qu'elle daignera, au contaire, accueillir mes réclamations avec une généreuse bienveillance et leur accorder le puissant appui du suffrage de la France.

J'ai l'honneur d'être, etc., etc.

Signé FRÉDÉRIC.

Gotha, le 2 décembre 1863.

Voici la réponse de l'Empereur :

Mon cousin, j'ai lu avec un vif intérêt la lettre que vous m'avez écrite, et je m'empresse d'y répondre. Je ne trouve rien de plus honorable que d'être le représentant d'une cause qui s'appuie sur l'indépendance et la nationalité d'un peuple, et, à ce titre, vous pouvez compter sur ma sympathie, car je serai toujours conséquent dans ma conduite.

Si j'ai combattu pour l'indépendance italienne, si j'ai élevé la voix pour la nationalité polonaise, je ne puis pas, en Allemagne, avoir d'autres sentiments, obéir à d'autres principes. *Mais les grandes puissances sont liées par la convention de Londres*, et leur réunion ne pourrait résoudre sans difficulté la question qui vous intéresse. Je regrette donc bien vivement, sous ce rapport comme sous bien d'autres, que l'Angleterre ait refusé d'assister au congrès que j'avais proposé.

Il est fâcheux que la diète n'ait pas été consultée sur les droits *d'un duché* faisant partie de la confédération germanique ; le Danemark aussi a pu avoir des torts envers l'Allemagne ; mais, d'un autre côté, *je déplore que la confédération germanique ait cru devoir intervenir dans le Holstein avant que la question de succession ait été décidée,* car l'intervention, qui peut amener des complications bien graves, ne tranche pas cette question, et *si le Danemark était opprimé par de puissants voisins, l'opinion publique en France se retournerait de son côté.*

Je fais donc des vœux sincères pour que vos droits soient *examinés* par la diète germanique ; *que la délibération soit soumise aux signataires de la convention de Londres*, qu'ainsi le sentiment national qui se prononce si énergiquement en Allemagne puisse recevoir, *d'un commun accord*, une satisfaction légitime.

Je saisis avec plaisir cette occasion de vous offrir les assurances de mon estime et de ma constante bienveillance. Sur ce, mon cousin, je prie Dieu qu'il vous ait en sa sainte et digne garde.

NAPOLÉON.

Compiègne, le 10 décembre 1863.

Nous venons de dire que la lettre même du noble duc est la condamnation la plus certaine et la plus regrettable de l'acte arbitraire auquel il allait se livrer au moment même où il soumettait l'appréciation de ses droits à l'Empereur, dont il *disait attendre sans crainte la décision.* Or sa lettre est du 2 *décembre*, et la réponse du 10.

Ainsi, lorsqu'il déclarait *n'avoir rien à redouter d'un tribunal impartial*, que *tout ce qu'il demandait à la face du Ciel était un examen rigoureux de ses droits et de ses griefs*, il n'attendait ni la décision de l'Empereur, ni celle du *tribunal*, dont la composition la plus élevée lui eût garanti l'*impartialité.*

Combien, en présence de cette lettre, où tout est vague pour établir ses prétentions à la propriété héréditaire des duchés, ainsi le *droit positif* (quel droit?) et le *droit historique* (dans quelle histoire ce droit est-il écrit?), combien, en présence de cette lettre, la réponse de l'Empereur est précise, et empreinte à la fois de sagesse, de sympathie affectueuse, mais aussi de ferme dignité!

L'auguste arbitre, à titre officieux, dont le noble duc invoquait la justice, « *déplore que la Confédération germanique ait cru devoir intervenir dans le Holstein avant que*

« *la question de succession ait été décidée*, car l'intervention
« *ne tranche pas la question*, et si le Danemark était opprimé
« par ses voisins, *l'opinion publique en France se retourne-*
« *rait de son côté.* »

Combien aussi la conclusion témoigne de bienveillance et
d'esprit d'équité ! C'est *d'accord* que la question doit être
résolue, après l'examen, par la *Diète*, des droits (ou plutôt
des *titres*) sur lesquels les fonde le noble duc, et *la délibé-*
ration de la Diète doit être soumise à la conférence de
Londres.

Voilà quelle eût dû être la marche régulière et légale suivie
par le noble duc et par la Diète elle-même ; tandis que l'exécution fédérale dans le Holstein, avec menace d'envahir le
Schleswig, forme une situation pleine de péril, qui ne peut
être conjurée que par l'intervention, officieuse encore (à titre
de puissances *intéressées* à la solution équitable et pacifique du
litige), de la France, de l'Angleterre, de la Russie, de la Suède,
et principalement de l'Autriche et de la Prusse, liées par la
conférence de Londres, et qui représentent en *nombre*, avec
leurs adhérents, parmi les membres de la Confédération, plus
des *trois quarts* des populations allemandes.

Nous nous sommes étendu sur cette question, qui complique d'une manière si grave l'état général de l'Europe.
Espérons encore que les conseils de la raison, surtout de la
prudence, prévaudront en Allemagne sur les mesures violentes, au moins intempestives, auxquelles les passions révolutionnaires, le rêve d'un unitarisme impossible, et l'impatience d'une ambition justifiée par la noblesse d'un beau
nom, mais *à justifier par des titres*, et non par de vagues
allégations, ont entraîné la Diète.

CHAPITRE IV.

La Grèce. — Sa rénovation.

I

Le développement que j'ai donné à mes observations sur les relations de la France avec la Grèce, sortant à peine de la révolution qui lui a donné un nouveau roi, abrégeront l'examen des questions dont la solution favorable peut seule affermir ce trône naissant à peine, entouré d'écueils où s'est brisée la dynastie de Bavière.

J'ai signalé en toute sincérité la vive sympathie que m'inspire, pour cette Grèce où palpitent encore de si magnifiques souvenirs, le plus redoutable de ces écueils, celui de l'extrême mobilité d'origine de ce peuple qui a accompli de si grandes merveilles ; mobilité dont les effets, après tant de gloire, l'ont conduit à la servitude, jusqu'au jour où, nourri des sublimes traditions de ses premiers ancêtres, il s'est dévoué avec la plus noble ardeur à l'œuvre de sa délivrance.

Il y eût succombé, malgré les plus courageux efforts, sans l'appui des trois grandes puissances protectrices, et plus particulièrement de la France par l'expédition de Morée, qui accomplit son affranchissement. C'est de ce jour que la Grèce s'est appartenue encore, et que date sa rénovation.

II

Mais depuis, que d'épreuves encore qui ont eu pour concluclusion, après un règne de trente ans, une révolution nouvelle, dont l'Europe s'est justement préoccupée, et qui témoigne de nouveau des difficultés extrêmes inhérentes au caractère national, avec ses passions généreuses, mais dont l'ardeur l'emporte trop souvent au delà du but qu'il aspire d'atteindre, l'indépendance de la patrie, sans considérer assez qu'elle ne peut être obtenue qu'à la condition d'unir à ce noble sentiment l'esprit de paix, d'ordre, de stabilité, sans lequel l'indépendance n'est autre que la turbulence, le trouble, qui menacent incessamment le repos et la prospérité des peuples, et, par une conséquence de leurs rapports internationaux, le repos et la prospérité de l'Europe.

III

Voilà la vérité que la Grèce doit entendre : elle n'est inspirée à ses puissants amis que par le profond intérêt qu'ils lui portent, et la vive sympathie qu'ils lui ont vouée. Nous aimons à croire qu'elle est sincère de la part de chacun d'eux ; que l'Angleterre, entre autres, n'a eu aucune arrière-pensée en s'empressant de renoncer à son protectorat sur les *Iles Ioniennes*, et d'en remettre le dépôt, qui lui était confié à titre de *fidéicommis*, à la *mère patrie*, dont les rigueurs de la guerre et de la conquête les avaient séparées.

La haute et fidèle fidéicommissaire ne voudra pas que

ce *dépôt* soit rendu *incomplet*; elle s'accordera avec la France et la Russie, les cobienfaitrices de la Grèce régénérée, pour que toutes les dépendances continentales qui en ont été distraites et en faisaient partie à l'époque de la cession qu'en fit l'Autriche à la France par le traité de Campo-Formio et le décret du 10 octobre 1797, y soient de nouveau réunies, pour ne former qu'un tout désormais indivisible.

L'Autriche elle-même, qui a signé le traité de protectorat en faveur de l'Angleterre, s'associera noblement à cet acte de justice : son intérêt seul suffirait pour l'y engager. Elle a à gagner autant, si ce n'est plus que toute autre, au maintien de la paix, et à écarter toute cause de mésintelligence entre les deux peuples et leurs gouvernements. Que pourrait-elle avoir à craindre de la Grèce? Rien par elle-même, mais par les nouveaux troubles que pourrait jeter, au milieu de ces graves litiges internationaux à régler, le mécontentement qu'exciterait la déception résultant du retour des Iles Ioniennes morcelées, et soumises à des conditions dictées par une défiance offensante pour le nouveau Gouvernement et humiliante pour la nation identifiée avec son jeune roi. C'est à l'Angleterre surtout à se montrer loyale, sinon généreuse, dans la restitution du dépôt d'honneur.

Reste la *Turquie*...

IV

J'ai exprimé en toute franchise ma pensée sur l'utilité, mieux encore l'avantage de son admission dans le concert européen par le traité de Paris. Avec la même sincérité j'avance que c'est elle qui est la première et la plus directement intéressée à la complète pacification de la Grèce par l'accomplissement de ses vœux légitimes, et à la satisfaction donnée à ses droits. De ce moment aussi cesse ou doit cesser pour elle toute prétention inspirée encore par une ambition excessive, et de nature à porter atteinte à la souveraineté de la Turquie dans sa partie européenne, souveraineté consacrée par les traités, et qui ne saurait être attaquée sans une violation injuste et agressive. De même que le devoir de trois puissances protectrices serait de faire prévaloir les droits de la Grèce s'ils pouvaient être méconnus et menacés par la Turquie, de même ce devoir serait d'arrêter la Grèce dans l'exécution des projets qu'une ardeur immodérée pourrait lui suggérer encore, et qui deviendraient une nouvelle occasion de perturbation internationale. Leur intérêt commun, je dirai plus, leur honneur, leur prescrit de respecter les traités, et, en cela, de se respecter elles-mêmes, comme de vivre en bonne harmonie. Voilà la sage, la généreuse politique que la France s'efforce de faire prévaloir partout, et dans laquelle elle fait consister sa gloire.

CHAPITRE V.

Le Mexique. — Sa régénération.

I

Ainsi que je l'ai dit dans le *Sommaire*, cette dernière question (car la régénération de cette belle et riche partie de l'Amérique du Sud est une grande question aussi à résoudre) participe à la fois de l'Europe et de l'Amérique ; c'est ce qui en double l'intérêt.

En outre, elle est le sujet de tant de critiques de la part des diverses nuances de l'opposition, qui se réunissent contre cette nouvelle expédition de la France pour en blâmer le *principe*, l'*objet*, le *but*, l'*exécution*, ne faisant qu'à grand peine grâce à [la gloire, que je considère comme un devoir de patriotisme d'émettre aussi toute ma pensée sur cette grande et belle entreprise, avec la même liberté, la même franchise que j'ai apportée à l'examen des autres difficultés internationales dont les conséquences préoccupent à si juste titre les esprits, et les passionnent, suivant le parti auquel ils appartiennent, non-seulement en France, mais dans l'Europe entière. J'aborde donc résolûment les objections, en les traitant par ordre.

II

1° L'expédition du Mexique, au point de vue du principe.

S'il est un principe qui doive être sacré pour un peuple, c'est celui de la protection à s'accorder à lui-même dans la personne de ses frères à l'étranger. C'est au chef de la nation et à son Gouvernement à ne jamais faiblir dans l'accomplissement de ce devoir que le sentiment profond de la nationalité lui impose.

Parmi toutes, l'Angleterre se distingue par l'application qu'elle en fait. Elle en donne l'exemple dans les parties les plus reculées des deux hémisphères. Le souvenir de l'indemnité *Pritchard* est un des griefs que l'opposition, s'emparant de ce sentiment national, a le plus vivement reproché au gouvernement de Louis–Philippe.

Pourquoi donc la France serait–elle moins jalouse que l'Angleterre de faire respecter ses fils partout où les appellent le commerce, l'industrie, les relations de peuple à peuple dans leur intérêt commun ; de les défendre contre les injustices, les exactions, les oppressions des gouvernements étrangers ? Il existe un droit des nations comme un droit des gens, et la France, sinon plus, du moins autant que toute autre, ne les invoquera jamais en vain.

III

Pour ne parler que du *Mexique*, parmi toutes les parties du monde, et particulièrement de l'Amérique du Sud, dans lesquelles les Français sont répandus pour y suivre les intérêts qu'ils y ont engagés, soit par une résidence fixe ou un séjour temporaire, le Mexique en compte un grand nombre, et déjà la France a dû intervenir à main armée pour y faire respecter les droits de ses nationaux, et en obtenir une indemnité, en dédommagement du préjudice qu'ils avaient éprouvé par les violences d'un gouvernement oppresseur et sans foi.

Mais la leçon fut incomplète alors ; la somme obtenue fut loin de suffire aux justes réclamations des parties qui avaient eu à en souffrir ; et sans vouloir affaiblir le mérite et l'honneur de la répression glorieuse accomplie par notre marine et le noble chef qui en dirigea l'expédition, il est permis de penser que l'Angleterre, toujours si envieuse de l'ascendant de la France, ne fut pas étrangère à la prompte solution de

ce litige international ; mais du moins l'application du principe qui en régit le droit fut vaillamment réalisée. Elle fut
loin de suffire pour décourager les usurpateurs successifs de
ce pouvoir inique et violateur de tous les droits, qui se le
disputaient, et ont été les fléaux du magnifique pays dont ils
concouraient, à qui mieux mieux, à consommer la ruine. Il
fallait plus qu'une leçon bien vite oubliée. C'est par la régénération même du Mexique qu'on pourra parvenir à détruire ce régime de spoliation érigé en système. Et ce grand
acte de justice en faveur de ce peuple si digne d'intérêt, victime depuis trop longtemps de ses cupides oppresseurs, ce
grand acte, commencé lors de notre première expédition,
Dieu, qui punit l'iniquité, l'a réservé à la France.

IV

**2° L'expédition du Mexique, considérée au point de vue
de son objet et de son but.**

On a beau dire et beau faire, pour ramener au sentiment
de la vérité, de la raison et du droit, on ne changera jamais le caractère distinctif des nations, leurs mœurs, leur
nature calme et réfléchie, lente à l'action, ou vive, passionnée, de première impression, par cela même dirigée par
l'esprit d'opposition et de fronde. Tel est le peuple français,
tel il sera toujours. Grâce à Dieu, il a d'assez grandes,
d'assez nobles, d'assez charmantes qualités, pour que l'on
soit indulgent sur ses défauts, dont, d'ailleurs, il est le premier à porter la peine.
Je ne crois pas qu'on puisse avoir une preuve plus frap-

pante de cette disposition à la critique et au blâme, poussé
presque jusqu'à l'accusation, d'avoir compromis la France
par l'expédition du Mexique, sous le double rapport de ses
relations internationales, particulièrement avec l'Angleterre,
l'Espagne et les États-Unis, et de ses finances par les
charges ruineuses qui en sont la conséquence. De toutes les
questions politiques que soulève la discussion de l'adresse,
c'est celle qui a eu le privilége de réunir toutes les nuances
de l'opposition, à quelque couleur qu'elles appartiennent. Et
ce qui est le plus remarquable en elles, c'est au nom de
l'esprit d'*ordre*, de *conservation*, de *prévoyance*, surtout d'*é-
conomie*, qu'elles s'accordent pour s'élever contre l'esprit
d'*aventure*, d'imprudente ambition, de gloire, d'imprévoyance
et de prodigalité de la fortune publique.

Ces griefs si graves, exprimés sévèrement, éloquemment,
à la tribune, en phrases sonores et accusatrices, sortant de
bouches respectées qui leur donnent plus d'autorité, ne
m'inspirent, pour ma part, qu'un regret empreint de tristesse : c'est de voir jusqu'à quel point peuvent s'égarer de
très-hautes, de très-belles intelligences, qui ont fait leur
temps, non pas comme grande valeur encore, mais parce que
tout est changé autour d'elles, les institutions, les hommes
et les choses.

A l'époque où ces *princes de la parole* brillaient dans les
joutes oratoires, où se reproduisaient les mêmes griefs qu'ils
reprochent aujourd'hui au gouvernement de l'Empereur,
ceux-là même qui les renouvellent, et qui sont parfaitement d'accord entre eux, étaient, au contraire, les plus
ardents antagonistes. Je me permets d'en nommer deux
dont j'ai été le très-sincère et fervent admirateur, dans un
ordre d'admiration tout opposé, sous le rapport du dra-

peau qu'ils défendaient avec tant d'éloquence et d'habileté :
M. *Berryer* et M. *Thiers.*

Que de reproches adressés par le puissant champion de
l'opinion légitimiste contre le très-fervent et très-énergique
défenseur du gouvernement de Juillet ! Même accusation de
dilapidation de la fortune publique et d'atteintes portées à la
liberté ! cette liberté qui est aujourd'hui le thème fondamental de l'opposition tout entière, et dont M. Thiers s'est
particulièrement chargé de prêcher le dogme tant soit peu
comminatoire ; car, après avoir démontré que la France est
mûre pour la liberté, il exprime sa crainte que, *si le chef de*
l'Etat ne la donne pas, le pays exigera ce qu'il demande
respectueusement aujourd'hui. Si ce n'est pas le texte de son
invocation à l'Empereur, c'en est du moins le sens.

La réponse se trouvait dans le souvenir des lois restricti-
ves de cette liberté dont le culte est devenu si cher à ceux
qui ne la comprenaient pas alors telle qu'ils la demandent
respectueusement aujourd'hui.

Cette digression se lie à la question des finances, et les
finances à celle du *Mexique;* elle m'y ramène : c'est de *l'objet*
de l'expédition qu'il s'agit.

V

Son objet? Mais on a donc oublié la Convention intervenue
entre les trois puissances? Cet objet était très-clairement
défini dans les motifs qui expliquaient et justifiaient cette
triple alliance : défendre *collectivement et solidairement* les
nationaux des trois grandes parties contractantes contre les

exactions, les violences d'un gouvernement oppresseur, voilà *l'objet* de la triple expédition.

Obtenir par la force (le seul moyen pour y parvenir) une indemnité proportionnée aux spoliations qu'il avait commises, voilà *le but*.

Il suffit de relire les termes de la convention pour s'assurer que telle était la pensée qui y avait donné naissance. Certes, cette sollicitude, cette protection des trois gouvernements en faveur des sujets anglais, français, espagnols, victimes de Juarez, n'avait rien que de parfaitement louable, et l'indifférence ou l'abandon dans lesquels on les eût laissés auraient été *un crime* que l'opposition n'eût pas manqué de reprocher au Gouvernement français particulièrement. Il reste à examiner si *le crime* a été commis dans *l'exécution*, et si cette qualification extrême peut être justement adressée.

VI

3° L'expédition du Mexique, considérée au point de vue de l'exécution.

Et d'abord, on peut tout au moins reprocher encore à l'opposition l'oubli qu'elle commet de la coopération de l'Angleterre et de l'Espagne à l'expédition, et de la part que chacune y avait prise.

La France y figurait pour la moindre part, un simple corps d'armée de *cinq mille hommes* ; l'Angleterre, par une force maritime très-respectable ; l'Espagne, par une véritable armée relativement, *treize à quinze mille hommes* de toutes armes. Cette répartition indique suffisamment que la France,

tout en y coopérant avec sa bravoure et sa fidélité tradition-
nelles, n'entendait nullement y jouer le principal rôle; dès
lors, que sa part de dépenses serait en raison de son contingent.

Qui donc a manqué à ses engagements et à ses devoirs?
Qui donc a abandonné ses propres nationaux à la merci
d'un pouvoir inique, odieux au Mexique même, dont il op-
primait les populations par la terreur et épuisait les richesses? Qui donc a laissé à la France le soin de protéger les
résidents anglais et espagnols, et le dangereux et très-coû-
teux honneur d'affranchir le pays de cette domination
cupide et détestée, après la lutte désespérée qui devenait
pour elle une nécessité de conservation et d'honneur aussi?
L'impartiale mais aussi l'inflexible histoire le dira. J'ose
penser qu'elle le dit déjà à la raison et au cœur de tous ceux
que l'esprit de parti n'égare pas. Dieu merci, c'est la France
à peu près entière, par les mandataires auxquels elle a confié la défense de ses véritables intérêts, qui ne consistent
pas seulement dans l'économie de sa fortune publique et
privée (cette économie est devoir), mais dans l'ensemble de
tout ce qui fait la richesse et la gloire d'un grand peuple.

VII

Mais il ne suffit pas au Gouvernement de repousser les
reproches qui lui sont faits de sacrifier ces intérêts au prestige
des armes, pour satifaire ainsi au caractère chevaleresque des
Français, et à la tradition de ce grand nom qui a rempli le
monde de l'éclat de son génie militaire et de sa soif de conquêtes pour réaliser un nouvel Empire de Charlemagne.

L'auguste et digne héritier de ce nom immortalisé par la victoire et par ses revers n'a du moins conservé de cette immense tradition que son amour de la seule gloire qui ne soit pas sujette à retour, la gloire de la *paix*, qui donne la prospérité aux peuples, et s'allie avec le sentiment le plus haut de sa dignité et de son honneur. La liberté, la véritable liberté, en est la conséquence glorieuse aussi.

Cette belle, cette généreuse partie de la succession du premier Empire, est incompatible avec la passion des conquêtes érigée en système. Louis-Napoléon a déjà donné trop de gages de sa noble et sage modération pour qu'on puisse craindre de lui un retour à cette autre partie de la succession impériale, qu'il n'a acceptée que *sous bénéfice d'inventaire*.

Or *cet inventaire est tout fait :* la France, telle qu'il l'a reçue du suffrage universel et par acclamation, la France est assez belle, assez grande, assez puissante par son admirable unité, par son organisation générale, non moins admirable par sa force militaire, armée et marine, surtout par l'ardente bravoure de ses enfants ; par l'ascendant moral qu'elle exerce dans le monde entier ; par sa richesse inépuisable ; la France peut se contenter, s'enorgueillir même de *cet inventaire* qui la rend en quelque sorte l'arbitre des destinées de l'Europe, par sa politique d'ordre, de conservation, de concorde, de sage liberté, de progrès, entre tous les membres de cette famille de *deux cent millions* de frères. Voilà son système de gloire, à elle. Toutes les déclamations, plus ou moins éloquentes, plus ou moins sincères, des oppositions réunies, se posant par leurs chefs en seuls représentants du pays, n'affaibliront en rien cette situation sans exemple encore dans la France monarchique, par cette raison, dont l'homme lui-même est une preuve vivante : c'est que la force

morale double la force physique, surtout lorsqu'elle s'exerce
sous les inspirations de la justice, de la sagesse et de la
modération.

IX

Un dernier mot sur cette question si intéressante du
Mexique. Quelle a été la cause de la défection de l'Angleterre
et de l'Espagne? Ont-elles pu craindre que la France ne vou-
lût s'emparer du Mexique comme elle l'a fait de l'Algérie?
Certes, cette crainte serait bien peu fondée par tous les
précédents qui témoignent de l'extrême désintéressement de
la France sous le nouvel Empire.

Nous ne parlerons pas de la *Crimée :* la conquête en était
impossible. Mais l'*Italie ?* quelques fleurons de cette magnifique péninsule pouvaient nous tenter, comme partage avec
le roi Victor-Emmanuel : les *Deux-Siciles*, la *Vénétie*, par
exemple, pour avoir une forte position sur l'*Adriatique*.
L'Angleterre n'y eût pas manqué, à notre place.

Quelques souvenirs, très-vifs encore, du *nouveau Rolland*,
de si glorieuse mémoire, bien digne frère d'armes par sa vaillance du royal compagnon de Louis-Napoléon, auraient pu
justifier la revendication du trône des *Deux-Siciles* en faveur
du noble prince qui porte le nom de *Murat !*

Non ! La seule indemnité que la France ait obtenue, sans
l'imposer au *Piémont*, si démesurément agrandi, et obtenue
par le vœu même des populations, c'est Nice et la partie
jadis française de la Savoie.

Mais le *Mexique*, est-ce avec quelques milliers de braves
qui y ont été abandonnés par l'Angleterre et l'Espagne,
livrés ainsi aux forces réunies de Juarez et des chefs dé-

voués à sa cause, en outre des nombreuses *guerrillas* qui infestent le pays; est-ce avec cette élite de héros, quels que fussent leur valeur et leur dévouement à l'honneur du drapeau français, que l'on pouvait avoir la folle pensée de s'emparer du *Mexique?* Il suffit de rappeler leur nombre pour faire apprécier non-seulement l'impossibilité, mais l'absurdité d'une telle supposition.

X

.Disons quelle a pu être la cause de cet abandon que nous reprochons aux deux puissances signataires de la convention de Londres. C'est la préoccupation de voir l'ascendant de la France l'emporter sur le leur, et de faire tourner les résultats de l'expédition au profit de son influence sur les populations; influence qui se serait exercée sur la nouvelle organisation du pays, et sur ses grandes richesses dans tous les genres de production.

Le nom de l'*Archiduc Maximilien*, prononcé comme pouvant être le restaurateur du principe monarchique, voilà ce qui a pu déranger bien des projets plus ou moins ambitieux, plus ou moins intéressés. Et cependant, ce nom, touchant à l'une des plus hautes familles régnantes de l'Europe, ce nom illustré, jeune encore, par de grandes vertus publiques, aurait du sourire à l'Angleterre, car il appartient à sa *vieille amie*. Mais la France la première l'avait prononcé : c'était une raison pour se défier de cette initiative. Je hasarde à regret cette supposition, qu'autorisent d'autres exemples; je désire me tromper.

XI

Concluons.

La France ne veut du Mexique que l'honneur de l'avoir délivré *du joug* oppressif sous lequel il gémissait, et dont il n'avait pas la force de s'affranchir par lui-même.

Aucune arrière-pensée n'est entrée dans la noble politique de la France, qui s'est fait une loi de ne pas porter la plus faible atteinte aux droits et à la volonté de ce peuple, destiné à un grand avenir encore après sa régénération.

Qu'il soit rendu à la monarchie, si ce sont ses vœux; ceux de la France se bornent à ce qu'il choisisse, à l'exemple du Brésil, un roi qui soit à la fois l'honneur du trône et la garantie de son dévouement à celui du pays, à sa prospérité et à sa richesse. Voilà la noble récompense, la seule ambition de la France.

Mais son désintéressement ne va pas et ne doit pas aller jusqu'à ne pas réclamer la légitime indemnité des charges, très-onéreuses, dont l'Angleterre et l'Espagne ont laissé peser sur elle seule le fardeau qu'elles s'étaient engagées à supporter pour leur part. *La France payera sa gloire*, mais à titre *d'avance*. Le Mexique lui doit trop de reconnaissance pour ne pas lui en rembourser le prix, bien certain qu'il doit être qu'il a en elle un créancier qui n'abusera pas de ses droits pour pressurer un débiteur aussi solvable, et qui n'avait besoin que du rétablissement de l'ordre, de la paix, par un pouvoir ferme et réparateur, pour reconquérir son rang de nation, et obtenir rapidement sa réhabilitation morale et financière par l'exploitation de ses merveilleuses richesses territoriales, sol, mines, métaux, aliments inépuisables de son commerce et de son industrie.

Oui, le *Mexique*, rendu enfin à lui-même, s'acquittera religieusement envers la France, sa généreuse libératrice. La première dette à éteindre (ainsi le veut l'Empereur) est celle de nos nationaux, qui souffrent depuis trop longtemps de l'oppression des usurpateurs successifs du pouvoir, qui ne se soutenaient qu'à force d'exactions, par l'excès de la violence. L'Angleterre et l'Espagne en profiteront pour leurs propres sujets. Voilà la seule vengeance de la France. *Elle est assez riche pour la payer.*

Son tour arrivera aussi, après avoir noblement consenti à être payée la dernière.

LIVRE TROISIÈME

CHAPITRE I.

LE MANIFESTE DE LA PAIX.

I

Après avoir établi, par l'appréciation des relations internationales de la France en Europe, quelle est, à mon point
de vue, la solution la plus juste, la plus heureuse, des litiges
qui menacent la paix générale, il ne me reste qu'à formuler
les conditions desquelles dépend son affermissement.

Je me représente par la pensée, et par un souvenir rétrospectif, la mission que j'avais eu l'extrême ambition d'accomplir par la presse, de 1834 à 1837. Je parcourus dans
cet intervalle de temps l'Europe à peu près entière, dans ma
position d'observateur, pour y étudier les institutions politiques des divers peuples, leur caractère national, leurs
mœurs, leurs lois, et, après cette étude, en opérer l'intime
rapprochement, au point de les lier entre eux par la plus

douce, la plus noble, la plus sûre, la plus chrétienne des chaînes, LA PAIX ! d'où découlent tous les genres de biens.

On a vu, par les pièces que j'ai nommées justificatives, quel fut le succès de ma présomptueuse mission : il dépassa toutes mes espérances, sinon mes vœux. Eh bien ! ce que j'étais au moment d'accomplir alors, j'ai plus que jamais la volonté de consacrer tout ce que Dieu m'a laissé de forces et d'intelligence pour concourir à le réaliser aujourd'hui.

Un homme, ou plutôt une *âme* dont je m'honorerai toujours d'admirer la noblesse et la pureté, embellies encore par tous les prestiges de la plus harmonieuse éloquence, M. de Lamartine, a aussi adressé *un manifeste* à l'Europe, aux jours où il dominait, de toute la puissance de son nom et de ses grandes vertus publiques, la situation de la France, drapée de nouveau en *républicaine*.

Il disait, en rappelant les luttes formidables que la grande, la vraie république eut à soutenir contre l'Europe conjurée :

La guerre n'est pas le principe de la République française, comme elle en devint la fatale et glorieuse nécessité en 1792. Entre 1792 et 1848 il y a un demi-siècle. Revenir après un demi-siècle au principe de 1792, ou au principe de conquête de l'Empire, ce serait ne pas avancer; ce serait rétrograder dans le temps. La révolution d'hier est un pas en avant, non en arrière. Le monde et nous, NOUS VOULONS MARCHER A LA FRATERNITÉ ET A LA PAIX (1).

Certes le nouvel Empire peut prendre ces belles paroles pour épigraphe ; elles résument en quelques lignes son programme : L'EMPIRE, C'EST LA PAIX !!

(1) Extrait de mon ouvrage intitulé : *Souvenirs et impressions d'un ex-journaliste, pour servir à l'histoire contemporaine.*

Est-il un doute possible (à l'exception de l'Angleterre peut-être, ou plutôt du *Times*, dans ses évolutions politiques, je n'ose pas dire ses divagations) sur la parfaite loyauté de cette déclaration solennelle? Trop de preuves de la profonde sagesse et de la généreuse modération qui l'ont inspirée ne permettent plus une défiance offensante. La puissance morale de la France s'en est énormément accrue; l'hommage lui en est rendu par les nations mêmes, naguère si hostiles, qui avaient conservé l'irritable souvenir d'une trop impérieuse domination, aux deux grandes époques de notre histoire contemporaine, le Consulat et l'Empire.

Oui! la paix est le vœu le plus cher de celui que la Providence a si manifestement appelé à succéder à ce beau trône de France; de celui qui s'est montré si digne de recueillir ce magnifique héritage, objet de tant d'espérances et d'envie!

II

Ici, je m'empare encore de la déclaration solennelle faite à l'Europe par M. de Lamartine au nom de la nouvelle *République française*, avec cette différence que je la proclame au nom du *nouvel Empire*:

« *L'Empire n'intentera la guerre à personne*. Il n'a pas besoin de dire qu'il l'acceptera si l'on pose des conditions de guerre au peuple français. La pensée du chef généreux qui gouverne en ce moment la France est celle-ci: « Heureuse la France si on lui déclare la guerre, et si on la contraint à grandir encore en force et en gloire, malgré sa modération! Responsabilité terrible pour la France si l'Empire déclare lui-même la guerre *sans y être provoqué !* »

« Dans le premier cas, son génie martial, son impatience d'action, sa force accumulée pendant tant d'années de paix (depuis que ce manifeste a été prononcé (1848), la France a glorieusement justifié cette appréciation de l'accumulation de sa force), la rendrait invincible chez elle, *redoutable au delà de ses frontières*. Dans le cas contraire, elle tournerait contre elle les souvenirs de ses conquêtes, qui désaffectionnent les nationalités, et elle compromettrait sa première, sa plus universelle alliance, *l'esprit des peuples et de la civilisation.* »

« D'après ces principes, qui sont les principes de sang-froid, principes qu'elle peut présenter sans crainte comme sans défi à ses amis et à ses ennemis, leur application se résume dans les déclarations suivantes :

« Les traités de 1815 *n'existent plus en droit aux yeux de l'Empire*; toutefois les circonscriptions territoriales de ces traités sont un fait qu'elle admet *comme base et comme point de départ dans ses rapports avec les autres nations.* »

« Mais si les traités n'existent plus que comme faits à modifier *d'un commun accord*, et si l'Empire déclare hautement qu'il a pour droit et pour mission d'arriver *régulièrement et pacifiquement à ces modifications*, le bon sens, la modération, la conscience, la prudence de l'Empire, existent, et sont pour l'Europe une meilleure et plus honorable garantie que les lettres de ces traités, si souvent violés ou modifiés. »

Et quelle admirable conclusion !

« L'Empire se proclame l'allié intellectuel et cordial de tous les droits, de tous les progrès, de tous les développements légitimes d'institutions des nations qui veulent vivre du même principe que le sien. *Elle ne fera point de propagande sourde ou incendiaire chez ses voisins* : elle sait qu'il n'y a de libertés que *celles qui naissent sur leur propre sol*. Mais elle exercera par la lueur de ses idées, par le spectacle d'ordre et de paix qu'elle donne au monde, *le seul et honnête prosélytisme, le prosélytisme de l'estime et de la sympathie*. Ce n'est point là *la guerre*, c'est la nature; ce n'est point là *l'agitation de l'Eu-*

rope, c'est la vie ; ce n'est point là *incendier le monde*, c'est briller de sa place sur l'horizon des peuples, pour les devancer et les guider à la fois. »

Quelle élévation de pensée ! Quelle merveilleuse richesse d'expression ! mais aussi quelle tristesse douloureuse dans le souvenir qu'elles rappellent de cette grande et généreuse nature, victime de sa noblesse même et de ses sublimes visions !

Eh bien ! est-ce que l'Empire que j'ai, par interposition, substitué à cette République du plus pur idéal, désavouerait cette proclamation de principes et leur application ? Est-ce que les déclarations si claires, si nobles aussi dans les sentiments qui les ont inspirées, et non moins sublimes dans une autre ordre d'éloquence par la plus pure, la plus substantielle sobriété d'expression, est-ce que ces déclarations de Napoléon III n'ont pas une valeur égale, avec cet avantage qu'il lui a été donné d'en justifier par les épreuves auxquelles elles ont été soumises, et les nouveaux événements dont l'Europe a été le théâtre ?

Est-ce encore que les interprètes de cette auguste parole ne s'en sont pas profondément pénétrés ? Qu'on relise les instructions données par tous nos ministres des affaires étrangères qui se sont succédé aux représentants de la France auprès des divers gouvernements : leur langage, s'il n'a pas l'éclat et le charme mélodieux du génie poétique qui présidait aux relations internationales de la France *républicaine*, ne l'égale-t-il pas en pureté, en dignité, en modération, en sagesse?

Après ces éminents organes de cette politique toute de paix, de fraternité, d'affectueuse union des nations entre elles, qu'aurai-je à dire, moi infime mais non moins fervent apôtre de cette religion du Christ appliquée aux institutions humaines, fondées sur les principes éternels de la justice, de la raison, de la charité, afin de les élever au dernier degré de perfectibilité qu'il leur soit donné d'atteindre?

Mon honneur, à moi, c'est de m'associer du plus profond de mon cœur à ces programmes d'essence toute divine; et, dans la mesure de mes forces, d'apporter mon concours à cette œuvre de pacification universelle; j'en fais l'orgueil du reste de ma vie.

CHAPITRE II.

LE CONGRÈS.

I

Le *Congrès !* tel est le moyen proposé par l'Empereur aux souverains à qui sont confiées les destinées de l'Europe. Tous ont répondu à ce noble appel dans les termes les plus sympatiques et les plus flatteurs, en lui exprimant la reconnaissance d'en avoir conçu la généreuse pensée. Mais plusieurs d'entre eux, parmi les principaux intéressés à la solution pacifique de graves litiges, objet d'une si vive sollicitude, n'ont accepté le congrès que sous certaines réserves; tandis que l'Angleterre *seule* a cru devoir y rester étrangère, dans la crainte qu'il ne devînt au contraire une cause de division entre les parties contendantes, si la décision de la haute juridiction, constituée en tribunal arbitral, n'était pas favorable à l'une d'elles.

13

II

Nous comprenons difficilement cette préoccupation du gouverment anglais. En ce qui touche ceux dont l'acceptation n'est accompagnée d'aucune réserve, ils se trouvent liés par elle; et telle est leur loyauté, qu'aucune infraction à l'engagement solennel de se soumettre à la décision arbitrale n'est à redouter de leur part. Quant aux gouvernements dont l'adhésion n'a été donnée que sous *certaines réserves*, portant sur les questions litigieuses qui les intéressent, nous conce vons leur hésitation à s'engager d'une manière absolue, à ce point d'être rigoureusement tenus d'exécuter la décision qui pourrait ne pas répondre à ce qu'ils croient être *leurs droits*: dans ce cas, mieux vaut pour eux s'abstenir.

Mais pour eux, cependant, le *Congrès* ne fût-il constitué qu'en *tribunal de paix*, comme en matière civile, et l'invitation qui leur est faite ne fût-elle considérée qu'au point de vue de la *conciliation*, à l'exemple *des lettres* que le juge de paix adresse officiellement aux parties, pour les entendre dans leurs griefs respectifs, et discuter amiablement avec elles, dans le but de les convaincre qu'il est de leur intérêt commun de terminer leur différend, n'est-ce pas là déjà une bonne pensée, qui ne saurait, en aucun cas, tourner à mal par l'intervention toute bienveillante de cette juridiction véritablement paternelle, si bien nommée : JUSTICE DE PAIX ?

A ce point de vue, nous ne saurions approuver l'abstention d'aucun des gouvernements, sinon même des souverains, au congrès, dont on pourrait définir et limiter le caractère, en ne lui attribuant qu'une simple mission *de conciliation*, à

l'égard de celles des parties qui craindraient de s'engager
par leur soumission au jugement du haut tribunal arbitral.
Nous ne voyons pas quelles objections sérieuses on pourrait
opposer à cette combinaison purement conciliatrice, qui ne
pourrait produire que d'excellents résultats, fussent-ils né-
gatifs par le défaut de conciliation. Il en serait donné acte aux
parties par le congrès ; ce serait à elles à aviser pour faire
valoir leurs droits comme elles l'entendraient, sauf aux membres du congrès à aviser aussi, pour ne pas avoir à souffrir
des conséquences de la rupture qui s'opérerait entre les con-
tendants. Suivant le cas, cette réserve pourrait aller jusqu'à
motiver *une intervention*.

III

Nous nous sommes livré, dans la première partie du livre II de cette *Étude politique* (aux chapitres 1, 2, 3, 4 et 5),
à l'appéciation de chacune des questions litigieuses, en y
apportant toute la mesure de pensée et d'expression que com-
mandait notre mission tout officieuse, mais aussi avec l'indépendance sans laquelle elle ne saurait avoir de valeur.
C'est de la présomption sans doute ; aussi avons-nous demandé quelque indulgence pour elle, en faveur de la pensée
d'ordre et de paix qui nous l'a inspirée.
Cependant, qu'on nous permette de croire que dans les
solutions qui nous ont paru équitables, tout au moins désirables, en vue de l'heureux succès que l'application de cette
pensée pourrait produire, nous nous sommes efforcé de donner satisfaction aux intérêts engagés dans les litiges qui di-
visent les deux parties. Nous recommandons instamment

qu'on veuille bien accorder une sérieuse attention à notre
humble mais très-sincère appréciation, en se dégageant des
idées préconçues. Nous ne nous flattons pas d'exercer la
moindre influence sur l'esprit de parti, encore moins sur
l'exaltation des passions en présence. C'est aux hommes de
raison, de modération, de justice, de prudence, que s'adresse
notre œuvre, toute de conscience et de patriotisme.

Oui, nous serions fier pour la France de voir se réaliser la
noble et sainte institution d'un aréopage international, formé
des plus hautes sommités de la grande famille européenne,
assistées des grandes intelligences qui les entourent et en
sont les illustres interprètes. Que de biens en sortiraient
pour le bonheur de l'humanité ! et que de bénédictions lui
voueraient la génération présente et celles qui lui succé-
deront !

Gloire immortelle à ces Rois *juges de paix*, et à l'auguste
promoteur de cette juridiction véritablement sacrée !

APPPENDICE

I

Je n'avais nullement la pensée de rien dire au delà de ce que le sommaire indiquait, lorsque je crus devoir annoncer cette première *Étude politique* dans un avant-propos, une préface et une introduction très–substantielle, suivie des pièces justificatives.

Les nombreux sujets que j'ai traités dans le corps de l'ouvrage ont reçu des développements suffisants pour faire apprécier la solution que je me suis permis de soumettre à la haute raison, à la justice, et surtout à la prudence des gouvernements directement et plus profondément intéressés à ces solutions conciliatrices et pacifiques.

Mais pendant que, jour par jour, je travaillais à mon œuvre d'appréciation politique, la session législative était inaugurée par l'admirable exposé que le discours du trône a fait de la situation de la France à l'intérieur et à l'extérieur, suivi de l'adresse du Sénat, et de la discussion élevée et mémorable qui s'est terminée par la sanction unanime de ce premier et noble corps de l'Etat.

Aussitôt après, est survenue au Corps législatif la véri-
fication des pouvoirs, qui a donné lieu aux discussions les
plus vives, les plus passionnées. Cette grande opération
terminée, l'adresse en réponse au discours de l'Empereur a
été présentée; et, dès l'ouverture de la discussion, deux
des illustrations *parlementaires* de nos assemblées délibé-
rantes sous les trois derniers régimes, Restauration, Dynastie de 1830, République de 1848, deux grands orateurs
se sont posés en réformateurs, tout au moins en censeurs de
la constitution du nouvel Empire, pour en surveiller sévèrement l'application, en même temps qu'ils en réclameraient
le perfectionnement, en s'inspirant d'un ardent patriotisme.

Je croirais laisser mon *Étude* incomplète si je n'exprimais
pas les impressions que ces premiers débats, déjà si intéressants et surtout si animés, font naître en moi, et tout ce
qu'ils m'inspirent de sollicitude, je pourrais dire d'appréhen-
sion, sur le rôle que les chefs éminents des anciens partis
qui reparaissent sur la grande scène politique ont cru devoir
accepter.

Je ne leur ferai pas l'injure de penser que l'opposition à
la tête de laquelle ils se placent, et ont le droit de se placer
par la supériorité de leur mérite et leur grande expérience
des affaires publiques (je pourrais dire leur grande dextérité), que cette opposition puisse jamais devenir factieuse,
et implique par cela même le parjure. Je rends cette même
justice à tous les membres, les soldats *parlementaires* de
l'opposition dans ses nuances diverses; mais je ne puis
m'empêcher de trouver étrange cette confusion de principes
si opposés entre eux, et qui ne peuvent s'accorder que pour
blâmer. Je doute que les chefs surtout y gagnent en autorité, dans une assemblée où les *neuf dixièmes* forment une

majorité compacte, résolue, non pas à titre de discipline dans ce corps délibérant, si imposant, qui représente le pays par le plus honorable et le plus libre des mandats, mais à titre de conviction, de lumières, de talents, et surtout de patriotisme.

II

Une des grandes erreurs de l'opposition tient à la très-haute opinion qu'elle a de ses vertus civiques, de sa valeur comme talent oratoire, et de sa supériorité comme ascendant moral dans les grands centres de populations. Ainsi l'opposition se dit présomptueusement *la France*, par le succès qu'elle a obtenu à Paris, à Marseille, à Lyon (en partie) et quelques autres villes principales. De là elle conclut qu'elle est la grande majorité, non par la *quantité*, mais par la *qualité*.

Dans la législature qui vient de finir, l'opposition comptait jusqu'à *cinq membres;* il est vrai qu'ils se multipliaient par leur zèle à défendre *la liberté* dans tous ses genres d'application. Les finances étaient aussi l'objet de leurs plus vives inquiétudes, par la crainte que leur inspirait la prodigalité ruineuse du Gouvernement et l'abus des crédits supplémentaires. C'est le thème obligé de toutes les oppositions, qui, avec très-grande raison, prêchent l'économie et la régularité rigide dans l'administration des finances; et les *cinq* se disaient alors *le pays*, comme les *quatorze* aujourd'hui, sur cette même question des finances.

III

Cette fois, le puissant orateur de l'extrême droite aux
anciennes Chambres des députés s'était réservé cette question des finances. Il l'a traitée avec sa profonde habileté,
avec cette force et en même temps cette souplesse d'argumen-
tation, cette voix si harmonieuse et si ferme encore, cette
grâce sobre mais saisissante du geste ; en un mot, c'était
le Berryer de ses meilleurs jours. Aussi son succès a été
grand, quoique sans le prestige de la tribune ; grand comme
réunion de toutes les qualités qui composent la belle et noble
éloquence.

Mais, quel qu'ait été l'art de ce maître *parlementaire* de
grouper les chiffres, et d'en déduire des conséquences mena-
çantes dans le présent et désastreuses dans l'avenir, son habileté a laissé prise à une réfutation fort remarquable, tant
sous le rapport mathématique que sous celui de la rectification des faits, et surtout de l'esprit qui avait présidé à l'atta-
que. Je veux parler de l'excellent discours de M. de Saint-
Paul.

Mon appréciation personnelle n'est que l'écho affaibli de
celle de l'assemblée entière, à l'exception des *quatorze*.

Avant lui, l'honorable M. Gouin, en sa qualité de rappor-
teur de la commission, avait déjà détruit, par les plus solides
arguments, l'édifice effrayant de chiffres si artistement con-
struit par l'illustre architecte législatif.

Mais c'était à M. Vuitry qu'était réservé l'honneur de rui-
ner de fond en comble cette fantasmagorie ultra-financière,
en la réduisant, point par point, dans ses transformations si
savamment variées, à sa juste valeur, en même temps qu'il a

fait une ferme justice des alarmes jetées dans le pays, et dont le grand prestidigitateur avait poussé le premier cri en portant l'exagération jusqu'à en qualifier la cause de *crime*.

IV

Il appartenait à son non moins illustre collègue, non moins habile, non moins souple dans ses évolutions parlementaires, et non moins honorable, M. Thiers, de se poser en chef d'une autre nuance de l'opposition. Adversaires, je ne dirai pas implacables, mais inspirés par des sentiments et des convictions diamétralement opposés sous les deux dynasties emportées par deux révolutions, ils se rencontrent aujourd'hui, et se donnent la main sous la nouvelle institution politique qui a succédé à la dernière de ces explosions volcaniques, ne laissant après elles que des ruines. Grâce à la protection dont Dieu couvre la France, elle a trouvé aux deux grandes époques de notre histoire contemporaine deux puissants réédificateurs de la société bouleversée.

L'éminent historien du premier de ces génies réparateurs, dont le nom est immortalisé par tous les genres de gloires et par un immense revers, a cru devoir, après une longue retraite et un silence plein d'abnégation et de recueillement, rentrer dans la vie politique. Il a attendu que la nouvelle constitution de la France eût traversé l'épreuve décennale, pour reconnaître qu'il était de son devoir de grand citoyen d'apporter son concours au nouvel Empire, et de l'éclairer de sa profonde expérience des hommes et des choses publiques.

D'origine révolutionnaire, dans la pure et généreuse acception du mot, il a contribué à la chute du trône de la Res-

tauration, sous la branche aînée des Bourbons, et à l'érection
du trône de 1830, sous la branche royale cadette. Il a pu apprécier les causes de leur chute ; et ce n'est pas l'offenser que
de dire qu'avec sa vive foi en la liberté, qui a été le culte de
toute sa vie, il a contribué pour sa part à la fin de la première
des deux dynasties.

Par une conséquence de sa participation aux événements
qui la firent prévoir et aux moyens employés pour la hâter, il
ne fut pas un des moins habiles conseillers de la nouvelle
couronne, pour la défendre contre des *amants de la liberté*
plus ardents que lui, et dont il avait appris à connaître à fond
le système d'attaques ouvertes ou secrètes.

V

A l'exemple de l'illustre Casimir Périer, qui déploya tant de
talent, d'énergie et de patriotisme, dans cette sorte de guerre
religieuse entre les divers *cultes* de la liberté dont il avait été
un des plus fervents sectateurs, et s'était converti à celui de
la résistance, M. Thiers lui succéda en qualité de ministre de
l'intérieur dans le cabinet dit du *onze octobre*, en 1834. (Je ne
crois pas me tromper de date.) Il y déploya une grande activité d'esprit et d'action, sous la présidence de M. le duc de
Broglie, et à côté de M. Guizot, ces deux chefs éminents de
l'école nommée doctrinaire.

Le système de résistance inauguré par Casimir Périer à
la suite des événements de 1831 et 1832, si menaçants pour
le nouveau trône, ce système devenait une loi de conservation, après l'insurrection formidable de Lyon, devenu le
foyer de l'élément révolutionnaire. Il fallut la présence du

plus expérimenté des lieutenants de Napoléon dans la grande guerre du consulat et de l'empire, le maréchal Soult, duc de Dalmatie, et la bravoure patriotique et la discipline de l'armée, pour triompher de cette autre armée du travail, que l'on avait enlevée aux ateliers pour l'enregimenter au nom de cette *liberté*, de cette *égalité*, de cette *fraternité*, si cruellement profanées.

Les sanglantes *journées de juin*, préparées et accomplies à quatorze ans de distance, sous l'invocation sacrilége et homicide de ces trois noms divins d'origine, n'ont que trop prouvé le détestable abus qu'en ont fait et qu'en feront toujours les passions anarchiques, dont le *peuple*, ce peuple que l'on encense et que l'on égare, est la première victime. Hélas ! ces terribles leçons seront-elles toujours perdues pour lui?...

VI

N'est-il pas permis de s'étonner, et de déplorer, qu'une raison aussi élevée, aussi sûre, qu'une longue expérience, jointe à la pratique des affaires publiques, devrait avoir désabusée de cette *liberté* qui a servi à tant de drapeaux, depuis le *rouge* le plus vif jusqu'au *blanc* le plus pur, puisse, après avoir été témoin et acteur de tant de drames sanglants et néfastes, inaugurer son retour à la vie politique et consacrer son très-grand mérite et l'illustration acquise à son nom en sacrifiant encore à cette *liberté*, qui, dans la bouche des partis ardents, est une sorte de blasphème ?

Et ce qui n'est pas moins regrettable, c'est l'emploi de tant de dons heureux : intelligence supérieure, finesse de pensée et d'expression, extrême habileté de forme, souplesse oratoire, tactique de maître dans ses évolutions de tribun, voilà le *Thiers* de 1864 en présence du Thiers de 1834, qui avait si bien appris à connaître la véritable liberté, et comment on est réduit à la défendre contre ceux qui en ont sans cesse le nom à la bouche, et se posent orgueilleusement comme ses seuls organes, tandis qu'ils n'en sont que les fauteurs ardents et désordonnés.

VII

Nous ne craignons pas de le prédire (et déjà cette crainte commence à se réaliser), la modération même du langage oratoire de M. Thiers, modération que trahit parfois une certaine impatience de pensée et d'expression, ne sera pas de durée. La position qu'il a prise dès son entrée au Corps législatif, le souvenir de son passé de prudence, mais aussi de ferme résolution contre tout ce qui menaçait l'ordre et cette *liberté* tant invoquée, cette position deviendra de jour en jour plus fausse et plus difficile à soutenir, par ce souvenir même. Tout son talent, toutes les ressources de son intelligence si subtile, si souple, si féconde, échoueront contre la raison, la droiture, le sentiment de son droit et de sa dignité, de la part d'une majorité dont la force consiste bien moins dans le nombre que dans son patriotisme, en outre de sa valeur individuelle, de sa position sociale et de fortune, qui garantissent la parfaite indépendance de ses membres.

Que M. Thiers et M. Berryer, ces deux chefs si justement célèbres de nos anciennes institutions politiques, ces grands maîtres *ès arts* de la tribune, ne se fassent pas illusion : malgré leur extrême dextérité, ils ne pourront pas soutenir longtemps le rôle très-délicat de *contrôleurs*, bienveillants et toujours équitables, des actes du Gouvernement et de l'administration. Puissent-ils se dégager de tout souvenir, de tout regret, de toute espérance ! Ce serait un effort digne d'eux. Mais, qu'ils y prennent garde, la pente de l'opposition est glissante ; sous son impulsion le *contrôle* ne tarderait pas à se changer en prévention, et la prévention en censure impérieuse et agressive. Les premiers débuts en sont le regrettable prélude.

VIII

Il y a plus : par cela même que la constitution du nouvel Empire a été déclarée *perfectible* par son généreux auteur, la recherche de *son perfectionnement* a déjà conduit M. Thiers à en renverser complétement le principe et la base fondamentale. Il voudrait faire revenir la France à cette doctrine de mensonge : LE ROI RÈGNE ET NE GOUVERNE PAS, qui a emporté sous nos yeux deux dynasties, et, un moment, jusqu'à la monarchie elle-même ; doctrine fausse et mortelle pour le trône, et qui ne fait d'un roi qu'une vaine idole, bonne à briser au premier égarement populaire excité par les plus mauvaises passions.

Que les deux grandes figures parlementaires qui reparaissent dans l'arène politique ne s'y méprennent pas, tout est changé autour d'elles. Ce n'est plus ce dogme scolastique qui a servi de levier pour battre en brèche deux trônes *constitutionnels* dans les deux *comédies*, ou plutôt les deux *drames* de *quinze* et *dix-huit ans !*... C'est une constitution jeune, forte, toute virile, qui a sauvé la France d'une profonde confusion morale, du désordre matériel et d'une anarchie subversive. C'est ce nouveau pouvoir régénérateur, dont l'illustre écrivain qui avait gravé avec le burin l'histoire immortelle du grand nom de Napoléon disait, dans une inspiration prophétique : *L'Empire est fait !*

Oui ! grâce à Dieu ! L'EMPIRE EST FAIT, et BIEN FAIT !! S'il est déclaré *perfectible*, ce n'est pas pour qu'on en sape les fondements, qui tiennent aux plus profondes racines du pays. Si son auguste et ferme fondateur avait la faiblesse d'abandonner son œuvre libératrice à la merci des passions révolutionnaires et aux théories trop funestement éprouvées des docteurs, la France serait en droit de lui retirer les millions de voix qui l'ont acclamé par le plus vaste suffrage qu'il ait été donné à un peuple de faire entendre, et parmi lesquelles se trouvaient, à une bien minime exception près, les mêmes voix qui voudraient aujourd'hui *respectueusement refaire l'Empire* à l'image des constitutions écroulées.

La France entière ne le permettra pas. Son nouvel avenir de gloire paisible, de prospérité toujours croissante, de bien-être ; son repos dans le sentiment de sa force, et duquel dépend le repos de l'Europe, tout lui en fait une loi de conservation et d'honneur.

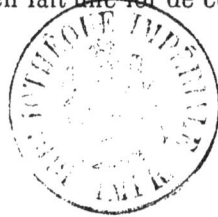

FIN.

TABLE DES MATIÈRES

LIVRE PREMIER.

LIVRE DEUXIÈME.

LIVRE TROISIÈME.

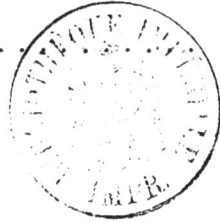

6801 — Paris, imp. de Jouaust et fils, rue Saint-Honoré, 338.

www.ingramcontent.com/pod-product-compliance
Lightning Source LLC
Chambersburg PA
CBHW072225270326
41930CB00010B/2000